CARTEA DE BUCATE ELEGANTĂ ȘIFON

Stăpânește arta deliciilor ușoare și aerisite cu 100 de rețete decadente

Camelia Dimitrescu

Material cu drepturi de autor ©2024

Toate drepturile rezervate

Nicio parte a acestei cărți nu poate fi folosită sau transmisă sub nicio formă sau prin orice mijloc fără acordul scris corespunzător al editorului și al proprietarului drepturilor de autor, cu excepția citatelor scurte utilizate într-o recenzie . Această carte nu trebuie considerată un substitut pentru sfaturi medicale, juridice sau alte sfaturi profesionale.

CUPRINS

CUPRINS 3
INTRODUCERE 6
CUPCAKES ȘIFON 7
   1. Cupcakes din șifon cu fructe de dragon 8
   2. Cupcakes din șifon Hokkaido 10
   3. Cupcake din șifon din marmură 13
   4. Cupcakes din șifon cu lămâie 16
   5. Cupcakes din șifon cu ciocolată 19
   6. Prăjitură de șifon cu căpșuni 21
   7. Cupcakes din șifon cu flori de portocal 24
   8. Cupcakes din șifon cu ceai verde matcha 26
   9. Cupcakes din șifon cu nucă de cocos 29
   10. Cupcakes din șifon cu boabe de vanilie 31
   11. Cupcakes din șifon cu miere de lavandă 33
   12. Cupcakes din șifon cu apă de trandafiri și fistic 35
   13. Cupcakes din șifon cu ceai Earl Grey 37

PLĂCINTE DIN ȘEF 39
   14. Plăcintă cu șifon cu zmeură 40
   15. Plăcintă de șifon cu mere și scorțișoară 42
   16. Plăcintă din șifon cu cireșe negre 44
   17. Plăcintă din șifon cu unt 46
   18. Plăcintă cu gem de șifon 48
   19. Plăcintă din șifon cu dovleac 50
   20. Plăcintă din șifon cu eggnog 53
   21. Plăcintă din șifon de cocktail de fructe 56
   22. Plăcintă din șifon cu guava 58
   23. Plăcintă din șifon cu lime cheie 61
   24. Plăcintă din șifon de macadamia 64
   25. Plăcintă din șifon cu flori de portocal 67
   26. Plăcintă din șifon cu piersici 69
   27. Plăcintă din șifon cu unt de arahide 71

CHIFFON CHESECAKES 73
   28. Cheesecake cu șifon și ananas fără coacere 74
   29. Cheesecake cu șifon și caise fără coacere 76
   30. Cheesecake cu șifon și cireșe cu lămâie 78
   31. Cheesecake cu șifon cu afine 80
   32. Cheesecake cu șifon și ananas 82
   33. Cheesecake cu șifon portocaliu 85
   34. Cheesecake cu șifon și fructul pasiunii 88
   35. Cheesecake cu șifon și mango 91
   36. Cheesecake cu șifon și zmeură 93

37. Cheesecake cu șifon și mure 95
38. Cheesecake Matcha șifon 97
39. Cheesecake cu șifon și pere cu ghimbir 100
40. Cheesecake cu șifon cu banane caramelizate 104

PRĂJITURI ȘIFON 108
41. Tort Yuzu din șifon 109
42. Prajitura de sifon cu ciocolata 112
43. Prajitura din sifon Dalgona 115
44. Tort șifon cu banane 118
45. Tort cu miere din șifon 121
46. Tort Tahini Sifon Cu Miere si Rubarba 123
47. Prajitura din sifon cu ciocolata 127
48. Tort de șifon cu lămâie și mac 130
49. Tort din șifon Earl Grey 133
50. Tort cu sifon cu lavanda 135
51. Tort șifon cu nucă de cocos 139
52. Tort șifon cu fistic 141

BUCĂTURI CONGELATE DE ȘIFON 143
53. Puf de șifon de cireșe 144
54. Tort cu gheață din șifon 146
55. Înghețată de lime șifon 148
56. Lime Chiffon Semifreddo 150
57. Sorbet de șifon cu lămâie 152
58. Iaurt înghețat din șifon cu zmeură 154
59. Popsicles din șifon de mango 156
60. Plăcintă cu gheață din șifon cu căpșuni 158
61. Cremă congelată din șifon cu afine 160
62. Sandvișuri cu înghețată și șifon cu nucă de cocos 162
63. Popsicles din șifon cu piersici 164

TARTE 166
64. Tartă din șifon cu lime 167
65. Tartă cu șifon cu banane 170
66. Tartă din șifon cu dovleac 172
67. Tartă din șifon cu fructe ale pasiunii 175
68. Tarte cu cartofi dulci din chiffon 178
69. Tartă din șifon cu caise 181
70. Tartă cu șifon cu zmeură 184
71. Tartă cu șifon cu nucă de cocos 186
72. Tartă de șifon cu fructe de padure amestecate 188

DESERTURI STRATIFICATE 190
73. Ghivece de șifon de ciocolată 191
74. Budincă de șifon cu lămâie 193
75. Fleac șifon de mango și lime 195

76. Parfaituri de cheesecake cu șifon și căpșuni 198
77. Tiramisu de sifon.. 201
78. Mousse de șifon cu zmeură și ciocolată albă 204
79. Parfait din șifon cu afine și lămâie 207
80. Fleac de șifon cu nucă de cocos și ananas 210
81. Pădurea Neagră Chiffon Tort Fleac 213
82. Parfait din șifon cu nucă de cocos și mango 216
83. Tort Chiffon Melba Peach Melba 218
84. Parfait din șifon cu fistic și cireșe 221

BARE ȘI PĂTRATE DE ȘIFON 223

85. Batoane de șifon cu lămâie 224
86. Brownies din șifon cu ciocolată 226
87. Patrate din sifon de nuca de cocos 229
88. Batoane de șifon portocaliu 231
89. Pătrate din șifon cu căpșuni 233
90. Batoane din șifon Key Lime 235
91. Pătrate din șifon cu ananas 237
92. Batoane mixte din șifon cu fructe de padure 239

PÂINE DE ȘIFON 241

93. Pâine cu banane din șifon 242
94. Pâine șifon cu lămâie 244
95. Pâine de dovleac șifon 246
96. Pâine de ciocolată din șifon 249

COOKIES ȘIFON 251

97. Biscuiți din șifon cu lămâie 252
98. Biscuiți din șifon cu ciocolată 254
99. Biscuiți din șifon cu migdale 256
100. Biscuiți din șifon cu nucă de cocos 258

CONCLUZIE 260

INTRODUCERE

Bine ați venit la „CARTEA DE BUCATE ELEGANTĂ ȘIFON", unde vă invităm să porniți într-o călătorie pentru a stăpâni arta de a crea delicii ușoare, aerisite și decadente cu 100 de rețete rafinate de șifon. Sifonul, cu textura sa delicată și calitatea eterică, este o minune culinară care captivează simțurile și încântă palatul. În această carte de bucate, sărbătorim eleganța și versatilitatea șifonului, arătându-i capacitatea de a transforma ingrediente simple în creații extraordinare, care cu siguranță vor impresiona chiar și pe cele mai exigente gusturi.

În această carte de bucate, veți descoperi o comoară de rețete care evidențiază natura delicată și luxoasă a șifonului. De la prăjituri clasice și mousse pufoase până la plăcinte elegante și budinci mătăsoase, fiecare rețetă este creată pentru a prezenta textura și profilul unic al aromei șifonului, creând o simfonie de gust și textură care vă va lăsa să aveți mai multă poftă.

Ceea ce distinge „CARTEA DE BUCATE ELEGANTĂ ȘIFON" este accentul pus pe precizie și tehnică. Coacerea șifonului necesită un echilibru delicat de ingrediente și o mână atentă, iar această carte de bucate vă oferă instrumentele și îndrumările de care aveți nevoie pentru a obține rezultate perfecte de fiecare dată. Cu instrucțiuni pas cu pas , sfaturi utile și fotografii uimitoare, vei putea crea creații de șifon spectaculoase, pe cât de frumoase, pe atât de delicioase.

Pe parcursul acestei cărți de bucate, veți găsi sfaturi practice despre selecția ingredientelor, echipamentele de coacere și tehnicile de prezentare pentru a vă ajuta să vă ridicați creațiile din șifon la nivelul următor. Indiferent dacă coaceți pentru o ocazie specială, să vă răsfățați cu o răsfăț dulce sau pur și simplu doriți să vă extindeți repertoriul culinar, „Cartea de bucate din șifon elegant" are ceva de care să se bucure toată lumea.

CUPCAKES ȘIFON

1. Cupcakes din șifon cu fructe de dragon

INGREDIENTE:
- 3 gălbenușuri de ou
- 25 g zahăr tos
- 70 g piure de fructe de dragon
- 40 g ulei de porumb
- ¼ lingurita extract de vanilie
- 55 g făină auto-crescătoare
- 2 linguri faina de porumb
- 3 Albus de ou
- ⅛ lingurita crema de tartru
- 60 g zahăr tos

INSTRUCȚIUNI:

a) Bateți gălbenușurile și zahărul până devin ușor și pufos. Se amestecă cu piure de fructe de dragon, ulei de porumb și extract de vanilie. Se amestecă ușor în făină auto-crescătoare și făină de porumb.

b) Într-un castron curat separat, bate albușurile, crema de tartru și zahărul tos pana devine pufoasă și tare. Îndoiți cu grijă amestecul de gălbenușuri în albușul bătut până se omogenizează bine.

c) Turnați aluatul în căptușeală de cupcake. Loviți ușor garniturile de cupcake pentru a elibera bulele de aer.

d) Se coace in cuptorul preincalzit la 170C timp de 10 minute apoi se reduce temperatura la 160C si se mai coace inca 20-25 de minute sau pana cand o frigaruie introdusa in prajitura iese curata.

e) Scoateți din cuptor și răsturnați imediat tortul.

f) Lăsați netulburat până se răcește complet.

2. Cupcakes din șifon Hokkaido

INGREDIENTE:
PENTRU CUPCAKES:
- 3 albusuri mari, separate de galbenusuri, la temperatura camerei
- 45 g zahăr granulat (împărțit în 20 de grame și 25 de grame)
- 35 ml ulei de canola
- 60 ml lapte
- 70 g faina de prajitura, cernuta

PENTRU SMANTA:
- 240 ml smântână groasă, rece
- 25 g zahăr granulat
- ¼ lingurita extract de vanilie

PENTRU MONTAJ:
- Zahăr cofetar pentru pudrat

INSTRUCȚIUNI:
PENTRU CUPCAKES:
a) Preîncălziți cuptorul la 325F. Luați bolul și spălați-l pe care îl veți folosi pentru a vă bate smântâna și lăsați-l la frigider.
b) Folosind un mixer electric de mână sau un mixer cu suport prevăzut cu accesoriul pentru tel, bateți 3 gălbenușuri de ou și 20 de grame de zahăr până când devine semnificativ deschis la culoare (aproximativ 8 minute la viteză medie-mare).
c) Adăugați 35 ml ulei de canola și 60 ml lapte și continuați să amestecați până când se încorporează bine.
d) Treceți la viteză mică și adăugați 70 de grame de făină de prăjitură. Bateți până când se combină. Pus deoparte.
e) Într-un castron separat, folosind un alt tel, bateți 3 albușuri spumă. Adăugați treptat 25 de grame de zahăr până ajungeți la vârfuri tari.
f) Îndoiți albușurile în gălbenușurile de ou până când se combină. Aveți grijă să nu exagerați pentru a nu vă dezumfla albușurile.
g) Transferați aluatul în cupe de cupcake până când sunt pline pe ¾ și puneți-le pe o tavă de copt. Coaceți timp de 20 de minute sau până când blaturile încep să crape și să devină mate. O scobitoare introdusă în unele dintre prăjituri ar trebui să iasă curată sau cu firimituri uscate minime. Puneți pe un grătar pentru a se răci complet.

PENTRU SMANTA:
h) Luați bolul răcit și bateți din frigider și bateți toate ingredientele până când ajungeți la vârfuri tari.

PENTRU MONTAJ:
i) Asigurați-vă că cupcakes-urile s-au răcit complet înainte de a le umple cu frișcă.
j) Transferați crema într-o pungă prevăzută cu vârful preferat. Introduceți vârful în mijlocul cupcake-ului și apăsați ușor pentru a umple prăjiturile (veți simți că prăjiturile se umflă).
k) Oprește-te în momentul în care începi să vezi spectacolul de umplere deasupra. Pudrați cu zahăr cofetar.

3. Cupcake din șifon din marmură

INGREDIENTE:
- 3 galbenusuri de ou
- 25 g (2 linguri) zahăr granulat pentru gălbenușuri de ou
- 30 ml (2 linguri) ulei vegetal
- 45 ml (3 linguri) lapte
- 56 g (½ cană) făină de prăjitură/făină cu conținut scăzut de proteine, cernută
- 6 g (1 lingura) pudra de cacao neindulcita, cernuta
- 3 albusuri
- 25 g (2 linguri) zahăr granulat pentru albușuri
- ⅛ lingurita crema de tartru SAU ½ lingurita suc de lamaie (optional)

INSTRUCȚIUNI:
a) Într-un castron mediu, bate gălbenușurile de ou și zahărul până devin cremoase și se deschid la culoare.
b) Adăugați laptele, uleiul și făina. Amestecați bine.
c) Separați jumătate din aluat într-un alt bol mediu. Adăugați pudră de cacao într-una dintre ele și amestecați până se omogenizează.
d) Bate albusul într-un castron mediu curat până devine spumos. Adăugați smântână de tartru sau suc de lămâie dacă folosiți (opțional). Oricare dintre aceste ingrediente acide va ajuta la stabilizarea albușului bătut.
e) Cu mixerul pornit, adăugați treptat zahărul pe măsură ce amestecați. Bateți până la vârf tare.
f) Adăugați ¼ de albuș/bezea bătut în aluatul fără ciocolată. Se amestecă bine cu un tel sau cu o spatulă de silicon.
g) Adaugam inca ¼ de bezea, iar acum vrem sa amestecam incet fara a dezumfla aluatul. Amestecarea excesivă sau amestecarea viguroasă poate avea ca rezultat un tort dens nepufos. Așa că pliați aluatul cu grijă până când cea mai mare parte a albușului nu se mai vede.
h) Adăugați ¼ din bezea în aluatul de ciocolată. Amestecați bine. Apoi adăugați restul de bezea și amestecați din nou cu grijă până când se combină.

i) Tapetați tava de cupcake cu pahare de hârtie. Apoi adăugați alternativ ciocolată și aluatul fără ciocolată în fiecare ceașcă până aproape de umplere, lăsând aproximativ 1 cm de vârf.
j) Decorați partea superioară cu orice model de marmură care vă place. Adăugați trei puncte de culori diferite deasupra. Apoi folosiți o scobitoare pentru a trage prin fiecare punct cu o mișcare rotundă continuă.
k) Coaceți într-un cuptor preîncălzit la 340°F sau 170°C timp de 20 de minute sau până când o scobitoare introdusă în centru iese curată.

4.Cupcakes din șifon cu lămâie

INGREDIENTE:
cupcakes:
- 1 lămâie, împărțită
- ¾ cană (175 ml) făină de prăjitură (nu folosiți făină universală)
- ½ cană (125 ml) zahăr, împărțit
- ¾ linguriță (4 ml) praf de copt
- ¼ linguriță (1 ml) sare
- 2 galbenusuri mari
- ¼ cană (50 ml) apă
- 2 ½ linguri (37 ml) ulei de canola
- 1 lingură (15 ml) extract de lămâie
- 4 albusuri mari, la temperatura camerei
- ½ cană (125 ml) lemon curd preparat

Glazura de bezea:
- 3 albusuri mari
- ¼ linguriță (1 ml) de cremă de tartru
- ½ cană (125 ml) zahăr
- 1 lingurita (5 ml) extract de lamaie

INSTRUCȚIUNI:

a) Preîncălziți cuptorul la 325°F (160°C). Puneți căptușeală de hârtie în godeurile unei tăvi pentru brioșe.

b) Folosind o răzătoare fină ajustabilă Microplane®, curățați coaja de lămâie pentru a măsura 1 ½ linguriță (22 ml); puneți deoparte ½ linguriță (7 ml) coajă pentru garnitură.

c) Într-un castron de amestecare din inox (2-qt ./ 2-L), combinați făina, ¼ cană (50 ml) de zahăr, praful de copt, sarea și restul de 1 lingură (15 ml) coaja; se bate bine folosind Stainless Whisk.

d) Într-un castron de amestecare din inox (6-qt ./ 6-L), combinați gălbenușurile de ou, apa, uleiul și extractul; bate la viteza medie a unui mixer electric de mana pana se omogenizeaza bine. Adăugați ingrediente uscate; bate la viteza medie pana se omogenizeaza.

e) Într-un castron de amestecare din inox (4-qt ./ 4-L) și folosind bătători curate, bate albușurile la viteză mare până se formează vârfuri moi, aproximativ 1 minut. În timp ce bateți continuu, adăugați treptat restul de ¼ de cană (50 ml) de zahăr într-un flux foarte lent și constant. Continuați să bateți timp de 3-4 minute sau până când zahărul se dizolvă și se formează vârfuri tari. Se amestecă un sfert din bezea în aluat folosind un Small Mix 'N Scraper®; se pliază ușor bezea rămasă.

f) Folosind o linguriță mare, împărțiți aluatul în mod egal între garnituri; se coace 12-15 minute sau pana cand o scobitoare de lemn introdusa in centre iese curata. Scoateți tava din cuptor pe un suport de răcire stivuitor. Scoateți cupcakes din tavă; se răcește complet.

g) Pentru a asambla cupcakes, puneți lemon curd într-un Decorator prevăzut cu un vârf de stea închis.

h) Apăsați ușor decoratorul în centrul fiecărui cupcake și introduceți o cantitate mică de caș (aproximativ 2 lingurițe/10 ml). cupcakes înghet; se presară cu coaja de lămâie rezervată.

Glazura de bezea:

i) Într-un castron curat, bate albușurile spumoase.
j) Adaugati crema de tartru (sau suc de lamaie daca folositi) si continuati sa bateti.
k) Adăugați treptat zahărul în timp ce bateți până se formează vârfuri tari.
l) Se amestecă extractul de lămâie.

5.Cupcakes din șifon cu ciocolată

INGREDIENTE:
- 1 1/2 cani de faina de tort
- 1/2 cana cacao neindulcita, plus 1 lingura cacao neindulcita
- 1 lingurita praf de copt
- 1/4 linguriță de bicarbonat de sodiu
- 1/2 linguriță sare
- 4 ouă mari, separate
- 3/4 cană ulei vegetal
- 3/4 cană zahăr, plus 2 linguri zahăr

INSTRUCȚIUNI:

a) Cerneți făina de prăjitură, cacao, praful de copt, bicarbonatul de sodiu și sarea într-un castron mare și lăsați deoparte.

b) Se amestecă gălbenușurile de ou, uleiul și ⅓ cană de apă până se omogenizează. Se amestecă cu ¾ de cană de zahăr. Se adaugă în amestecul de făină și se amestecă până se omogenizează bine.

c) Bate albusurile spumoase. Adăugați treptat restul de 2 linguri de zahăr, batând doar până se formează vârfuri moi. Adăugați amestecul de albușuri de ou în aluat și amestecați până se omogenizează.

d) Umpleți pahare pentru brioșe tapetate cu hârtie sau cu unt (capacitate de ⅓ cană) cu aluat (aproximativ ¼ de cană în fiecare).

e) Coaceți într-un cuptor la 325°F până când vârfurile se reașează când sunt atinse ușor în centru, 20 până la 25 de minute. Se răcește pe rafturi timp de 5 minute; scoateți din tigăi. Se răcește complet.

f) Îngheț cu glazura preferată.

6. Prăjitură de șifon cu căpșuni

INGREDIENTE:
cupcakes:
- ⅞ cană făină de prăjitură
- 6 linguri de zahar granulat
- 1 lingurita praf de copt
- ⅛ linguriță sare
- 4 gălbenușuri mari
- ¼ cană ulei vegetal
- ⅓ cană apă
- ½ linguriță extract de vanilie
- 3 albusuri mari, la temperatura camerei
- 3/16 lingurita crema de tartru
- ¼ cană zahăr granulat

UMPLERE:
- 2½ cani de capsuni tocate
- 2½ linguri de zahăr granulat
- 1¼ linguri de amidon de porumb
- 1¼ lingurita apa

TOPING:
- 2 căni de smântână groasă, rece
- 1 lingurita extract de vanilie
- 2 linguri de zahar pudra

INSTRUCȚIUNI:
cupcakes:

a) Încinge cuptorul la 350°F. Tapetați formele pentru cupcake cu folii de hârtie sau pulverizați cu spray de copt. Pus deoparte.

b) Cerneți făina, 6 linguri de zahăr, praful de copt și sarea într-un castron mare. Pus deoparte.

c) Într-un castron mic, amestecați gălbenușurile de ou, uleiul, apa și vanilia. Pus deoparte.

d) Cu un mixer electric prevazut cu un accesoriu de tel, bate spuma albusurile si crema de tartru pana devine spuma. Puneți ¼ de cană de zahăr în timp ce continuați să bateți. Se bate la vârfuri rigide. Pus deoparte.

e) Turnați ingredientele umede peste ingredientele uscate și amestecați până la omogenizare.
f) Îndoiți bezeaua.
g) Folosiți o linguriță de 3 linguri pentru a porți aluatul în formele pregătite.
h) Coaceți timp de 18-20 de minute până când devine maro deschis. Se da deoparte la racit.

UMPLERE:
i) Combinați toate ingredientele într-o cratiță medie.
j) Gatiti si amestecati la foc mediu-mic pana cand zaharul se dizolva si amestecul este gros, aproximativ 2-3 minute.
k) Se da deoparte la racit.

CREMA CHANTILLY:
l) Combinați toate ingredientele într-un bol mediu.
m) Bateți cu un mixer electric prevăzut cu un accesoriu de tel până la vârfuri medii-rigide.

ASAMBLARE:
n) Cupcakes cu miez.
o) Umpleți fiecare cupcake cu 1 lingură de umplutură.
p) Înlocuiți blaturile cupcakes.
q) Deasupra se tape sau se intinde crema Chantilly.

7.Cupcakes din șifon cu flori de portocal

INGREDIENTE:
- 4 ouă mari, separate
- 1/2 cană zahăr granulat
- 1/4 cană ulei vegetal
- 1/4 cană suc de portocale proaspăt stors
- 1 lingura coaja de portocala
- 1 lingurita apa de floare de portocal
- 1 cană de făină de prăjitură
- 1 lingurita praf de copt
- 1/4 lingurita sare

INSTRUCTIUNI:

a) Preîncălziți cuptorul la 325°F (160°C). Tapetați o formă de brioșe cu folii de cupcake.

b) Într-un castron mare, bateți gălbenușurile de ou cu jumătate din zahăr până când sunt palide și groase. Adăugați treptat uleiul vegetal, sucul de portocale, coaja de portocală și apa de floare de portocal, amestecând până se omogenizează bine.

c) Într-un castron separat, cerne împreună făina de prăjitură, praful de copt și sarea.

d) Adăugați treptat ingredientele uscate la ingredientele umede, amestecând până se omogenizează și se combină bine.

e) Într-un alt castron curat, bate albușurile spumă. Adăugați treptat zahărul rămas și continuați să bateți până se formează vârfuri tari.

f) Îndoiți ușor albușurile bătute spumă în aluat până când nu mai rămân dungi.

g) Împărțiți aluatul în mod egal între căptușelile de cupcake, umplându-le fiecare aproximativ două treimi.

h) Coaceți timp de 15-18 minute, sau până când o scobitoare introdusă în centrul unui cupcake iese curată.

i) Scoateți din cuptor și lăsați cupcakes-urile să se răcească în tavă câteva minute înainte de a le transfera pe un grătar pentru a se răci complet.

j) Odată răcit, puteți, opțional, să pudrați cupcakes-urile cu zahăr pudră sau să le acoperiți cu frișcă și bucăți de portocale proaspete pentru ornat.

8.Cupcakes din șifon cu ceai verde matcha

INGREDIENTE:
- 4 ouă mari, separate
- 1/2 cană zahăr granulat
- 1/4 cană ulei vegetal
- 1/4 cană lapte
- 1 lingurita extract de vanilie
- 2 linguri praf de ceai verde matcha
- 1 cană de făină de prăjitură
- 1 lingurita praf de copt
- 1/4 lingurita sare

INSTRUCȚIUNI:
a) Preîncălziți cuptorul la 325°F (160°C). Tapetați o formă de brioșe cu folii de cupcake.
b) Într-un castron mare, bateți gălbenușurile de ou cu jumătate din zahăr până când sunt palide și groase. Adăugați treptat uleiul vegetal, laptele și extractul de vanilie, amestecând până se omogenizează bine.
c) Cerneți praful de ceai verde matcha în ingredientele umede și amestecați până se încorporează uniform.
d) Într-un castron separat, cerne împreună făina de prăjitură, praful de copt și sarea.
e) Adăugați treptat ingredientele uscate la ingredientele umede, amestecând până se omogenizează și se combină bine.
f) Într-un alt castron curat, bate albușurile spumă. Adăugați treptat zahărul rămas și continuați să bateți până se formează vârfuri tari.
g) Îndoiți ușor albușurile bătute spumă în aluat până când nu mai rămân dungi.
h) Împărțiți aluatul în mod egal între căptușelile de cupcake, umplându-le fiecare aproximativ două treimi.
i) Coaceți timp de 15-18 minute, sau până când o scobitoare introdusă în centrul unui cupcake iese curată.
j) Scoateți din cuptor și lăsați cupcakes-urile să se răcească în tavă câteva minute înainte de a le transfera pe un grătar pentru a se răci complet.
k) Odată răcit, puteți, opțional, să pudrați cupcakes-urile cu pudră de matcha sau să le acoperiți cu frișcă cu aromă de matcha pentru ornat.

9.Cupcakes din șifon cu nucă de cocos

INGREDIENTE:
- 4 ouă mari, separate
- 1/2 cană zahăr granulat
- 1/4 cană ulei vegetal
- 1/4 cană lapte de cocos
- 1 lingurita extract de vanilie
- 1/2 cană nucă de cocos măruntită
- 1 cană de făină de prăjitură
- 1 lingurita praf de copt
- 1/4 lingurita sare

INSTRUCȚIUNI:
a) Preîncălziți cuptorul la 325°F (160°C). Tapetați o formă de brioșe cu folii de cupcake.
b) Într-un castron mare, bateți gălbenușurile de ou cu jumătate din zahăr până când sunt palide și groase. Adăugați treptat uleiul vegetal, laptele de cocos și extractul de vanilie, amestecând până se omogenizează bine.
c) Se amestecă nuca de cocos măruntită până se distribuie uniform.
d) Într-un castron separat, cerne împreună făina de prăjitură, praful de copt și sarea.
e) Adăugați treptat ingredientele uscate la ingredientele umede, amestecând până se omogenizează și se combină bine.
f) Într-un alt castron curat, bate albușurile spumă. Adăugați treptat zahărul rămas și continuați să bateți până se formează vârfuri tari.
g) Îndoiți ușor albușurile bătute spumă în aluat până când nu mai rămân dungi.
h) Împărțiți aluatul în mod egal între căptușelile de cupcake, umplându-le fiecare aproximativ două treimi.
i) Coaceți timp de 15-18 minute, sau până când o scobitoare introdusă în centrul unui cupcake iese curată.
j) Scoateți din cuptor și lăsați cupcakes-urile să se răcească în tavă câteva minute înainte de a le transfera pe un grătar pentru a se răci complet.
k) Odată răcit, puteți, opțional, să acoperiți cupcakes cu frișcă de cocos și fulgi de cocos prăjiți pentru ornat.

10. Cupcakes din șifon cu boabe de vanilie

INGREDIENTE:
- 4 ouă mari, separate
- 1/2 cană zahăr granulat
- 1/4 cană ulei vegetal
- 1/4 cană lapte
- 1 lingurita extract de vanilie
- Seminte de la 1 pastaie de vanilie
- 1 cană de făină de prăjitură
- 1 lingurita praf de copt
- 1/4 lingurita sare

INSTRUCȚIUNI:
a) Preîncălziți cuptorul la 325°F (160°C). Tapetați o formă de brioșe cu folii de cupcake.
b) Într-un castron mare, bateți gălbenușurile de ou cu jumătate din zahăr până când sunt palide și groase. Adăugați treptat uleiul vegetal, laptele, extractul de vanilie și semințele de boabe de vanilie, amestecând până se omogenizează bine.
c) Într-un castron separat, cerne împreună făina de prăjitură, praful de copt și sarea.
d) Adăugați treptat ingredientele uscate la ingredientele umede, amestecând până se omogenizează și se combină bine.
e) Într-un alt castron curat, bate albușurile spumă. Adăugați treptat zahărul rămas și continuați să bateți până se formează vârfuri tari.
f) Îndoiți ușor albușurile bătute spumă în aluat până când nu mai rămân dungi.
g) Împărțiți aluatul în mod egal între căptușelile de cupcake, umplându-le fiecare aproximativ două treimi.
h) Coaceți timp de 15-18 minute, sau până când o scobitoare introdusă în centrul unui cupcake iese curată.

11. Cupcakes din șifon cu miere de lavandă

INGREDIENTE:
- 1 1/2 cani de faina de tort
- 1 cană zahăr granulat
- 1 1/2 linguriță praf de copt
- 1/2 lingurita sare
- 1/2 cană ulei vegetal
- 5 gălbenușuri mari
- 3/4 cană lapte integral
- 1 lingură flori de lavandă culinară uscate
- 1/4 cană miere
- 5 albusuri mari
- 1/4 lingurita crema de tartru

INSTRUCȚIUNI:

a) Preîncălziți cuptorul la 325°F (160°C). Tapetați formele pentru brioșe cu căptușeală pentru cupcake.
b) Într-o cratiță mică, încălziți laptele până se încălzește. Luați de pe foc și adăugați florile uscate de lavandă. Se lasa la infuzat 10-15 minute, apoi se strecoara laptele pentru a indeparta lavanda.
c) Într-un castron mare, amestecați făina de tort, zahărul, praful de copt și sarea.
d) Faceți o fântână în centrul ingredientelor uscate și adăugați uleiul vegetal, gălbenușurile de ou, laptele infuzat cu lavandă și mierea. Se amestecă până la omogenizare.
e) Într-un castron curat separat, bate albușurile spumă și crema de tartru până se formează vârfuri tari.
f) Albusurile batute spuma in aluat se pliaza usor pana se omogenizeaza.
g) Împărțiți aluatul în mod egal printre căptușele de cupcake pregătite, umplându-le fiecare aproximativ 3/4.
h) Coacem 18-20 de minute sau pana cand o scobitoare introdusa in centru iese curata.
i) Scoateți din cuptor și lăsați cupcakes-urile să se răcească complet pe un grătar înainte de servire.

12. Cupcakes din șifon cu apă de trandafiri și fistic

INGREDIENTE:
- 1 1/2 cani de faina de tort
- 1 cană zahăr granulat
- 1 1/2 linguriță praf de copt
- 1/2 lingurita sare
- 1/2 cană ulei vegetal
- 5 gălbenușuri mari
- 3/4 cană lapte integral
- 1/2 cană fistic decojit, măcinat fin
- 1 lingurita apa de trandafiri
- 5 albusuri mari
- 1/4 lingurita crema de tartru

INSTRUCȚIUNI:
a) Preîncălziți cuptorul la 325°F (160°C). Tapetați formele pentru brioșe cu căptușeală pentru cupcake.
b) Intr-un robot de bucatarie, preseaza fisticul decojit pana se macina fin.
c) Într-un castron mare, amestecați făina de prăjitură, zahărul, praful de copt, sarea și fisticul măcinat.
d) Faceți o fântână în centrul ingredientelor uscate și adăugați uleiul vegetal, gălbenușurile de ou, laptele integral și apa de trandafiri. Se amestecă până la omogenizare.
e) Într-un castron curat separat, bate albușurile spumă și crema de tartru până se formează vârfuri tari.
f) Albusurile batute spuma in aluat se pliaza usor pana se omogenizeaza.
g) Împărțiți aluatul în mod egal printre căptușele de cupcake pregătite, umplându-le fiecare aproximativ 3/4.
h) Coacem 18-20 de minute sau pana cand o scobitoare introdusa in centru iese curata.
i) Scoateți din cuptor și lăsați cupcakes-urile să se răcească complet pe un grătar înainte de servire.

13. Cupcakes din șifon cu ceai Earl Grey

INGREDIENTE:
- 1 1/2 cani de faina de tort
- 1 cană zahăr granulat
- 1 1/2 linguriță praf de copt
- 1/2 lingurita sare
- 1/2 cană ulei vegetal
- 5 gălbenușuri mari
- 3/4 cană lapte integral
- 2 linguri de frunze de ceai Earl Grey
- 5 albusuri mari
- 1/4 lingurita crema de tartru

INSTRUCȚIUNI:
a) Preîncălziți cuptorul la 325°F (160°C). Tapetați formele pentru brioșe cu căptușeală pentru cupcake.
b) Într-o cratiță mică, încălziți laptele până se încălzește. Se ia de pe foc si se adauga frunzele de ceai Earl Grey . Se lasă la infuzat 10-15 minute, apoi se strecoară laptele pentru a îndeparta frunzele de ceai.
c) Într-un castron mare, amestecați făina de tort, zahărul, praful de copt și sarea.
d) Faceți o fântână în centrul ingredientelor uscate și adăugați uleiul vegetal, gălbenușurile de ou, laptele infuzat cu Earl Grey. Se amestecă până la omogenizare.
e) Într-un castron curat separat, bate albușurile spumă și crema de tartru până se formează vârfuri tari.
f) Albusurile batute spuma in aluat se pliaza usor pana se omogenizeaza.
g) Împărțiți aluatul în mod egal printre căptușele de cupcake pregătite, umplându-le fiecare aproximativ 3/4.
h) Coacem 18-20 de minute sau pana cand o scobitoare introdusa in centru iese curata.
i) Scoateți din cuptor și lăsați cupcakes-urile să se răcească complet pe un grătar înainte de servire.

INGREDIENTE:
- Coaja de patiserie la cuptor
- ¼ cană de zahăr
- 1 Plic gelatină fără aromă
- 1½ cani de lactate de oua
- 2 galbenusuri usor batute
- ¼ cană rom
- 2 albușuri
- 2 linguri de zahăr
- ¾ cană smântână pentru frișcă
- Filigran de caramel (vezi mai jos)

FILIGRAN DE CARAMEL:
- ½ cană de zahăr

INSTRUCȚIUNI:

a) Pentru umplutură, într-o cratiță medie, amestecați zahărul și gelatina. Adăugați gălbenușul de ou și gălbenușurile. Gatiti si amestecati pana cand zaharul si gelatina se dizolva, iar amestecul se ingroasa usor si face bule.

b) Se răcește timp de 10 minute; se amestecă cu rom. Se da la rece pana la consistenta siropului de porumb, amestecand din cand in cand. Scoateți din frigider; se lasă să stea până se întărește parțial (consistența albușurilor nebătute).

c) Într-un castron mare de mixer, bate albușurile până se formează vârfuri moi (vârfurile se ondula). Adăugați treptat restul de 2 linguri de zahăr, batând până se formează vârfuri tari (vârfurile stau drepte).

d) Puneți albușurile în amestecul de gelatină. Bateți smântâna pentru frișcă până se formează vârfuri moi. Îndoiți crema în amestecul de oua.

e) Răciți până când amestecul se înmoaie când este lingurat; îngrămădiți în coaja de patiserie coptă. Răciți câteva ore sau până când se fixează.

f) Cu aproximativ 1 oră înainte de servire, pregătiți Filigranul de Caramel.

FILIGRAN DE CARAMEL:

20. Plăcintă din șifon cu eggnog

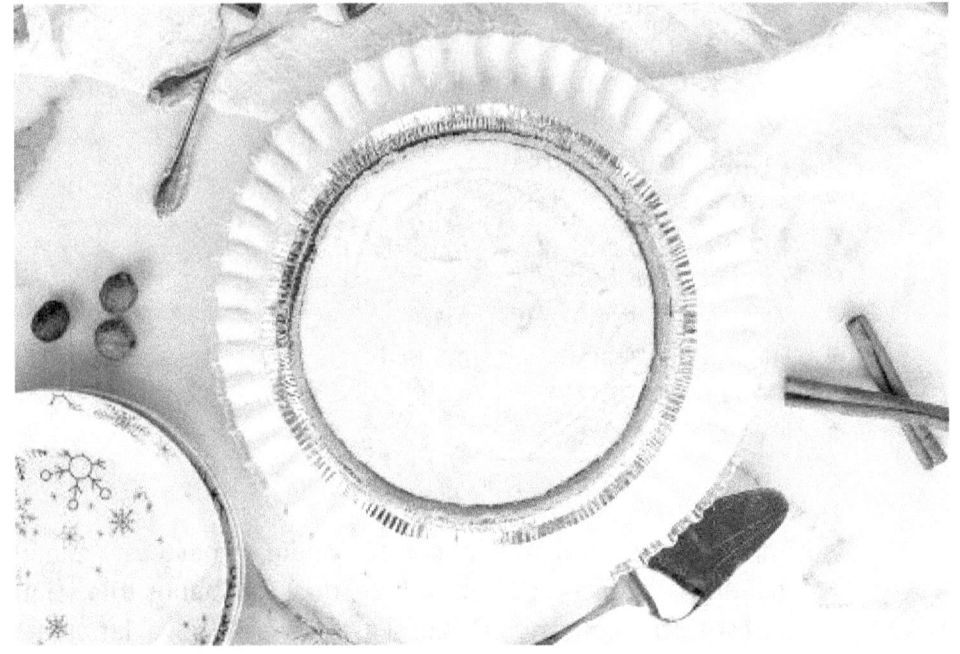

INSTRUCȚIUNI:
a) În partea de sus a unui boiler mixt primele 5 ingrediente.
b) Se amestecă laptele, apa, gălbenușurile de ou și dovleacul conservat. Amesteca bine.
c) Se pune peste apa clocotita. Gatiti, amestecand constant, pana cand gelatina se dizolva si amestecul este incalzit , aproximativ 10 minute.
d) Se ia de pe foc. Răciți până când amestecul se formează când este scăpat dintr-o lingură.
e) Bate albusurile spuma pana se taie, apoi bate zaharul. Îndoiți amestecul de albușuri în amestecul de gelatină răcit.
f) Turnați amestecul combinat în coaja de plăcintă coaptă de 9 inci.
g) Pentru coaja de plăcintă de 9 inchi: rulați un cerc de 12 inci de aluat de patiserie pe un pătrat de 14 inci de folie pentru frig Kaiser. Ridicați folia și aluatul în farfuria de plăcintă, așezați ușor pe farfurie și tăiați marginea de patiserie. Înțepăți fundul și părțile laterale ale aluatului. Coaceți timp de 10 minute la 450 ° F sau până când se rumenește uniform (folia previne rumenirea excesivă). Misto.
h) Puneți umplutura în coajă, înfășurați lejer în folie și puneți la frigider peste noapte.
i) Se servește rece și se ornează cu frișcă, dacă se dorește.
j) Bucurați-vă de plăcinta cu șifon cu dovleac, ușoară și delicioasă! Perfect pentru un desert de vacanță după o cină mare.

INGREDIENTE:
- 1 plic Knox Gelatina fara aroma
- ¾ cană zahăr brun închis, bine ambalat
- ½ lingurita Sare
- ½ lingurita de nucsoara
- 1 lingurita scortisoara
- ½ cană de lapte
- ¼ cană apă
- 3 gălbenușuri de ou
- 1½ cani de dovleac conservat
- 3 albusuri, batute tari
- ¼ cană de zahăr
- 1 coajă de plăcintă coaptă de 9 inci

19. Plăcintă din șifon cu dovleac

INGREDIENTE:
- 1½ până la 2 căni de gunoi de la fabricarea gemului
- 12 uncii Cool Whip sau echivalent
- 1 crustă Graham Cracker
- Fructe din dulceata (pentru garnitura)

INSTRUCȚIUNI:
a) Amestecați gunoiul răcit de producere a gemului și cutia de Cool Whip.
b) Turnați amestecul în crusta de biscuit Graham.
c) Ornați plăcinta cu câteva din fructele din care a fost făcută dulceața.
d) Răciți plăcinta timp de 2 ore.
e) Serviți și savurați.

18. Plăcintă cu gem de șifon

INGREDIENTE:
- 1 lingura gelatina fara aroma
- ¼ cană apă rece
- 3 ouă; separat
- 1 cană zahăr brun
- ¼ lingurita Sare
- 1 cană lapte soltar
- 1 lingurita de vanilie
- 1½ cani de smantana grea; împărțit
- coajă de plăcintă coptă de 9 inci; SAU crustă de pesmet de nucă (vezi mai jos)

CRASTĂ DE FIMITE DE NUC:
- 1 cană nuci măcinate
- 1 lingurita zahar
- ¼ cană firimituri de napolitană cu vanilie

INSTRUCȚIUNI:
a) Înmoaie gelatina în apă.
b) Într-o cratiță grea, amestecați gălbenușurile de ou bine bătute cu zahăr brun, sare și lapte. Gatiti amestecul, amestecand continuu pana se ingroasa usor.
c) Adăugați gelatină înmuiată la amestec și amestecați până se dizolvă. Răciți amestecul până se îngroașă.
d) Bate albusurile spuma pana se taie, dar nu se usuca. Amestecați vanilia și albușurile în amestecul de gelatină răcit.
e) Adăugați 1 cană de smântână tare la amestec. Turnați amestecul combinat în coaja de plăcintă coaptă.
f) Răciți plăcinta timp de câteva ore.
g) Când este gata de servire, bateți ½ cană rămasă de smântână groasă până se întărește. Decorați marginea plăcintei cu stropi de frișcă.

CRASTĂ DE FIMITE DE NUC:
h) Într-un castron, amestecați nucile măcinate cu zahărul și pesmeturile de napolitană cu vanilie.
i) Apăsați bine amestecul pe fundul și părțile laterale ale unei tavi de plăcintă de 9 inci.

17. Plăcintă din șifon cu unt

INGREDIENTE:
- 2 conserve (1 kilogram) de cireșe negre fără sâmburi
- 1 lingurita gelatina fara aroma
- 4 ouă, separate
- ¼ lingurita Sare
- ½ cană de zahăr
- 1 lingurita suc de lamaie
- Aluat de 9 inci sau crustă de pesmet
- Migdale prajite pentru decor

INSTRUCȚIUNI:
a) Scurgeți și tocați cireșele negre, rezervând sucul. Înmoaie gelatina în ¼ de cană de suc de cireșe.
b) Într-un castron, bateți gălbenușurile, zahărul, sarea, sucul de lămâie și ½ cană de suc de cireșe. Amestecați amestecul peste apă clocotită până se îngroașă.
c) Încorporați gelatina înmuiată și cireșele tocate. Răciți amestecul până devine gros și siropos.
d) Într-un castron separat, bate albușurile spumă până se formează vârfuri tari. Incorporati usor albusurile batute spuma in amestecul de cirese.
e) Turnați amestecul combinat în aluatul copt sau crusta de pesmet.
f) Răciți plăcinta până când este fermă, aproximativ 3 ore.
g) Serviți plăcinta ornata cu migdale prăjite.

16.Plăcintă din șifon cu cireșe negre

Face: 1 porție

INGREDIENTE:
- 3 ouă, separate
- ¼ cană apă
- 1 Env Gelatina fara aroma
- 2 linguri bomboane roșii de scorțișoară
- 1½ cană de sos de mere
- 2 linguri de zahăr
- 1 9 inch Pie Shell, coaptă

INSTRUCȚIUNI:
a) Într-o cratiță de mărime medie, bate gălbenușurile cu apă. Se presara gelatina intr-o cratita si se lasa sa stea 1 minut. Adăugați bomboane și sos de mere.
b) Se amestecă la foc mic până se dizolvă gelatina, aproximativ 5 minute. Se toarnă într-un castron mare și se răcește, amestecând din când în când, până când amestecul se înmoaie ușor când este scăpat dintr-o lingură.
c) Într-un castron mare, bate albușurile până se formează vârfuri moi; adaugă treptat zahărul și bate până se întărește. Se pliază în amestecul de gelatină. Se transformă în crusta pregătită și se da la rece până se întărește.

15. Plăcintă de șifon cu mere și scorțișoară

INGREDIENTE:
- 1 crustă de plăcintă
- 2 căni de smântână
- 6 uncii Cremă de brânză, înmuiată
- 2 lingurite extract de vanilie
- 10 uncii tartinat de fructe de zmeura
- Zmeura (optional, pentru garnitura)
- frunze de menta (optional, pentru garnitura)

INSTRUCȚIUNI:
a) Preîncălziți cuptorul la 375°F. Întindeți aluatul într-un cerc de 11" și tapetați o farfurie de plăcintă de 9". Tăiați și fluturați marginile; înțepați fundul și părțile laterale cu o furculiță. Coaceți timp de 15 minute sau până când se rumenesc. Se răcește complet pe un grătar.
b) Într-un castron mic, bateți smântâna la putere mare până se formează vârfuri tari; pus deoparte.
c) Într-un castron mediu, combinați crema de brânză și vanilia; bate pana devine usoara si pufoasa. Amestecați tartina de fructe de zmeură, răzuind frecvent părțile laterale ale bolului.
d) Rezervați ½ cană de frișcă pentru garnitură; îndoiți frișca rămasă în amestecul de brânză până când nu mai rămân dungi albe.
e) Întindeți amestecul uniform în crusta de plăcintă răcită. Răciți cel puțin 2 ore.
f) Chiar înainte de servire, puneți frișca rezervată pe marginea plăcintei.
g) Decorați cu zmeură și frunze de mentă proaspătă, dacă doriți.

14.Plăcintă cu șifon cu zmeură

Plăcinte din Șef

g) Într-o cratiță grea de 1 litru, încălziți ½ cană de zahăr la foc mediu-mic fără a amesteca.
h) Când zahărul începe să se topească, se încălzește și se amestecă constant până când amestecul capătă o culoare aproape de caramel mediu (siropul se va închide la culoare după ce este scos de pe foc).
i) Se amestecă câteva picături de apă fierbinte. Lasă-l să stea timp de 1 minut.
j) Cu o lingură, picurați rapid zahărul caramelizat deasupra plăcintei până când se formează o pânză de caramel .

21. Plăcintă din șifon de cocktail de fructe

INGREDIENTE:
- 1 pachet (8 uncii) cremă de brânză Philadelphia fără grăsimi
- 1 pachet (4 porții) amestec de budincă instant de vanilie Jell-O fără zahăr
- ⅓ cană de lapte praf uscat fără grăsime Carnation
- 1 cană de apă
- 1 cană Cool Whip Lite
- 1 cutie (16 uncii) cocktail de fructe, ambalat în sucul său, scurs
- 1 crustă de plăcintă Keebler Graham-cracker de 6 uncii

INSTRUCȚIUNI:
a) Într-un castron mare, amestecați crema de brânză cu o lingură până se înmoaie.
b) Adăugați amestecul de budincă uscată, lapte praf uscat și apă. Se amestecă bine folosind un tel de sârmă.
c) Îndoiți ½ cană Cool Whip Lite.
d) Adăugați cocktailul de fructe scurse. Se amestecă ușor pentru a se combina.
e) Turnați amestecul în crusta de plăcintă graham-cracker .
f) Se da la frigider pana este gata de servire.
g) Când serviți, acoperiți fiecare bucată cu 1 lingură Cool Whip Lite.
h) Bucurați-vă de plăcinta din șifon de cocktail de fructe ușoară și încântătoare!

22.Plăcintă din șifon cu guava

INGREDIENTE:
COAJĂ DE PATISĂ:
- 1 cană de făină
- ¼ lingurita Sare
- ¼ cană scurtare
- ¼ cană unt (rece)
- Apă rece (după nevoie)

UMPLERE:
- 1 Plic gelatină fără aromă
- 1 lingura suc de lamaie
- 4 ouă; separat
- 1 cană suc de guava
- ¾ cană de zahăr
- Câteva picături de colorant alimentar roșu
- ⅛ lingurita crema de tartru

TOPING:
- Frisca indulcita
- Felii de guava

INSTRUCȚIUNI:
COAJĂ DE PATISĂ:
a) Combinați făina și sarea. Tăiați în scurtătură și unt până când cocoloașele sunt de mărimea unui bob de mazăre.
b) Adăugați apă și amestecați până când amestecul este umezit. Apăsați într-o minge și lăsați-l la rece timp de 45 de minute.
c) Întindeți pe o placă înfăinată cu un sucitor bine înfăinat sau acoperit cu pată. Transferați cu grijă aluatul pe o farfurie de plăcintă de 9 inci. Pierce s-a terminat cu o furculiță.
d) Coaceți la 400 ° F timp de 15 minute. Misto.

UMPLERE:
e) Se inmoaie gelatina in zeama de lamaie si se pune deoparte.
f) Într-o cratiță, combinați gălbenușurile de ou, sucul de guava și ½ cană de zahăr. Adăugați câteva picături de colorant alimentar roșu.
g) Gatiti si amestecati la foc mediu pana cand amestecul se ingroasa.

h) Adăugați amestecul de gelatină și amestecați până se topește. Se răcește amestecul până ajunge la consistența albușurilor nebătute.
i) Bate albusurile spuma si crema de tartru pana se formeaza varfuri moi. Adăugați treptat ¼ de cană de zahăr și bateți până se formează vârfuri tari.
j) Încorporați amestecul de gelatină și turnați în coaja de patiserie coptă. Chill.

TOPING:
k) Acoperiți cu frișcă îndulcită.
l) Se ornează cu felii de guava.
m) Bucurați-vă de plăcintă răcoritoare cu guava și chiffon!

23.Plăcintă din șifon cu lime cheie

INGREDIENTE:
COAJĂ DE NUCĂ DE COCOS:
- 2 căni de nucă de cocos măruntită, prăjită
- ¼ cană zahăr brun
- ½ cană de unt, topit

SIROP DE UMPLURE:
- ⅓ cană sirop de lime rezervat
- 1 pachet de gelatină nearomatizată
- ⅓ cană suc proaspăt de lămâie
- ½ cană de zahăr, împărțit
- 2 ouă, separate
- 1 cană de apă
- ½ cană de zahăr
- ¼ cană coajă de lămâie (coaja), fâșii tăiate fin
- 5 picaturi de colorant alimentar (verde), optional

CREMĂ:
- 1 cană smântână pentru frișcă
- 1 lingurita de vanilie

INSTRUCȚIUNI:
COAJĂ DE NUCĂ DE COCOS:

a) Amestecați nuca de cocos măruntită, zahărul brun și untul topit într-un castron.

b) Apăsați ferm amestecul într-o farfurie de plăcintă unsă cu unsoare de 9 inchi (20 cm). Răciți până la fermitate.

PENTRU A FACE SIROP:

c) Într-o cratiță, amestecați apa și zahărul. Se încălzește să fiarbă.

d) Se amestecă cu coaja de lime și se fierbe timp de 30 de minute. Se strecoară, rezervând siropul și coaja de lămâie.

PENTRU UMPLURE:

e) Se încălzește ⅓ cană (75 ml) de sirop într-o cratiță.

f) Se ia cratita de pe foc si se presara gelatina, lasand sa se inmoaie 1 minut. Apoi adăugați sucul de lămâie , ¼ cană (50 ml) zahăr, 2 gălbenușuri de ou și colorant alimentar, dacă doriți.

g) Se pune la foc mic, amestecand continuu pana cand amestecul devine gros si spumant, aproximativ 5 minute.

h) Se ia de pe foc și se răcește la temperatura camerei.
i) Bate albusurile spuma si 2 linguri (25 ml) din zaharul ramas pana se formeaza varfuri tari.
j) Îndoiți amestecul de cremă de lămâie în albușuri.
k) Bateți smântâna pentru frișcă cu restul de 2 linguri (25 ml) de zahăr și decorați cu coaja de lămâie confiată rezervată.
l) Răciți câteva ore înainte de servire.
m) Bucurați-vă de plăcinta de șifon cu lime cheie răcoritoare și acidulată!

24.Plăcintă din șifon de macadamia

INGREDIENTE:
- 1½ cani de nuci de macadamia tocate marunt
- ¼ cană apă rece
- 2 lingurite gelatina fara aroma
- 4 gălbenușuri de ou
- ½ cană de zahăr
- ½ cană apă clocotită
- 5 linguri rom negru
- 1 lingurita coaja de lamaie
- 4 albușuri
- Vârf de cuțit de sare
- 1 coajă de plăcintă, crustă scurtă, 10"
- ½ cană smântână groasă, rece
- 2 linguri zahar superfin

INSTRUCȚIUNI:
a) Se toarnă ¼ de cană de apă rece într-o ceașcă de măsurare din sticlă termorezistentă, se presară gelatină și se lasă să se înmoaie timp de 2-3 minute. Puneți ceașca într-o tigaie cu apă clocotită și amestecați gelatina la foc mic până se dizolvă. Scoateți tigaia de pe foc, dar lăsați cana înăuntru pentru a menține gelatina caldă.
b) Cu o tel sau un batator electric, bate galbenusurile pana se omogenizeaza bine.
c) Adăugați încet ¼ de cană de zahăr obișnuit și continuați să bateți până când gălbenușurile sunt suficient de groase încât să cadă într-o panglică când bătător este ridicat din castron.
d) Bateți constant, turnați apă clocotită într-un jet subțire, apoi turnați amestecul într-o cratiță emailată sau din oțel inoxidabil de 1½ până la 2 litri. Se amestecă la foc mic până se îngroașă într-o cremă suficient de grea pentru a acoperi lingura. Nu lăsați crema să fiarbă, altfel se poate coagula.
e) Se ia cratita de pe foc si se amesteca gelatina dizolvata, apoi se strecoara crema printr-o sita fina pusa peste un vas adanc si se adauga 3 linguri de rom si coaja de lamaie. Lăsați crema să se răcească la temperatura camerei, amestecând din când în când pentru a nu se întări.

f) Într-un castron separat, bate albușurile spumă și sarea cu o tel sau un batător curat până devin spumoase. Presărați zahărul obișnuit rămas și continuați să bateți până când albușurile formează vârfuri.
g) Se amestecă aproximativ ¼ din albușuri în cremă, apoi se toarnă peste albușurile rămase și se pliază cu o spatulă.
h) Îndoiți 1¼ cană de nuci, turnați amestecul de șifon în coaja de plăcintă și neteziți partea superioară cu spatula. Se da la frigider pana se serveste.
i) Chiar înainte de servire, bateți smântâna groasă cu un tel sau mixer până se îngroașă. Adăugați zahărul superfin și restul de 2 linguri de rom. Continuați să bateți până când crema este tare.
j) Cu o spatulă, întindeți crema peste plăcintă și presărați deasupra nucile rămase.

25. Plăcintă din șifon cu flori de portocal

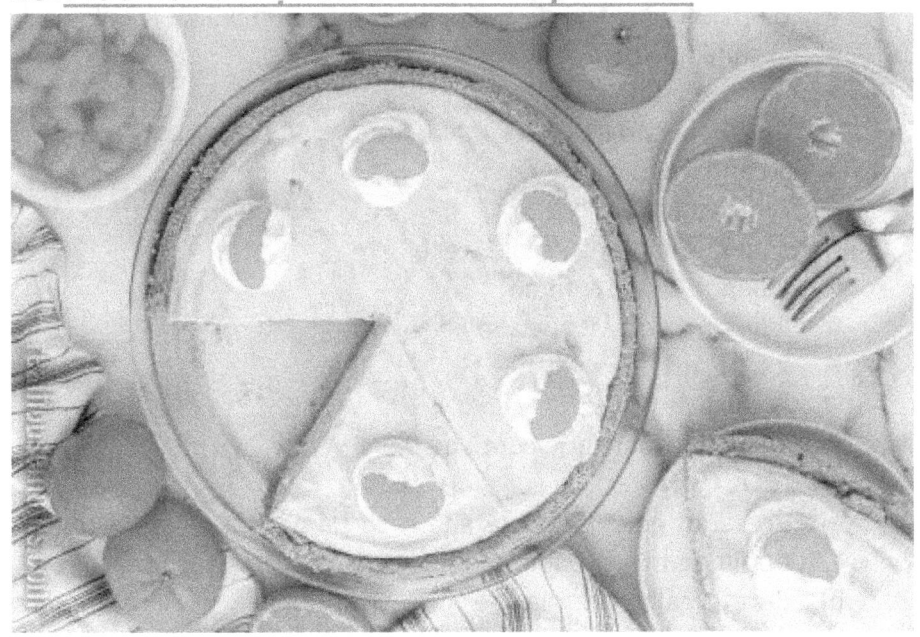

INGREDIENTE:
- 6 uncii concentrat de suc de portocale congelat, parțial dezghețat
- ⅓ cană apă rece
- 1 Plic gelatină fără aromă
- 2 gălbenușuri de ou
- 1 cană de apă
- ¼ lingurita Sare
- 1 cană smântână groasă, rece
- 2 linguri zahăr cofetar
- 1 lingurita extract de vanilie
- 2 albușuri
- ¼ cană de zahăr
- 1 coajă de patiserie coptă de 9 inci

INSTRUCȚIUNI:
a) Presărați gelatină peste apă rece pe partea de sus a unui cazan dublu pentru a se înmoaie.
b) Bateți gălbenușurile de ou, apa rămasă și sarea împreună. Amestecați gelatina.
c) Gatiti peste apa clocotita, amestecand continuu, pana cand gelatina se dizolva si amestecul se ingroasa usor, aproximativ 5 minute.
d) Luați imediat de pe foc, adăugați concentrat de suc de portocale și amestecați până se omogenizează. Răciți, amestecând ocazional, până când amestecul se formează când scăpa dintr-o lingură (sau răciți peste gheață și apă, amestecând des).
e) Intre timp, batem smantana pana se formeaza varfuri moi . Cu ultimele mișcări, amestecați zahărul de cofetă și extractul de vanilie; pus la frigider.
f) Folosind o batatoare curata, bate albusurile spumoase. Adăugați treptat zahărul granulat, continuând să bateți până se formează vârfuri rotunjite .
g) Se adauga amestecul de gelatina si apoi frisca. Transformă-l într-o coajă de patiserie coptă. Folosind dosul unei linguri, răsuciți partea de sus.
h) Răciți-vă bine. Decorați plăcinta cu secțiuni de portocale și decupaje de patiserie, dacă doriți.

26.Plăcintă din șifon cu piersici

INGREDIENTE:
- 1 plic de gelatină nearomatizată
- 1¼ cană Dr Pepper
- ¼ lingurita Sare
- ½ cană de zahăr
- 3 oua; separat
- 1 lingura suc de lamaie
- ¼ cană de zahăr
- 1¼ cană piersici conservate; feliate și tăiate cubulețe
- 1 coajă de plăcintă de 9 inci

INSTRUCȚIUNI:
a) Combinați gelatina cu Dr Pepper. Pus deoparte.
b) Combină sarea, ½ cană de zahăr și gălbenușurile de ou bătute în partea superioară a unui boiler. Se amestecă amestecul de gelatină.
c) Gatiti si amestecati peste apa fierbinte pana se ingroasa putin.
d) Adăugați suc de lămâie. Se da la rece până se întărește parțial, amestecând din când în când.
e) Bate albusurile spuma. Adăugați ¼ de cană de zahăr treptat, batând până se formează vârfuri tari .
f) Încorporați amestecul de gelatină; apoi se pliază în piersici.
g) Răciți până când amestecul se formează când este scăpat dintr-o lingură.
h) Se toarnă într-o coajă de plăcintă rece.
i) Răciți până la fermitate.
j) Se serveste simplu sau ornat cu frisca si piersici feliate suplimentare.

27.Plăcintă din șifon cu unt de arahide

INGREDIENTE:
- ½ cană de zahăr
- 2 lingurite gelatina fara aroma
- ½ lingurita de nucsoara
- ¼ lingurita Sare
- 1 cană de apă
- ½ cană unt de arahide
- 2 gălbenușuri de ou, ușor bătute
- 1 lingurita de vanilie
- 2 albușuri
- 2 linguri de zahăr
- ½ cană smântână pentru frișcă
- 1 banană complet coaptă (opțional)
- 1 9" coajă de patiserie coptă, răcită

INSTRUCȚIUNI:
a) Se amestecă primele 4 ingrediente.
b) Adăugați încet apă la untul de arahide. Se amestecă până la omogenizare; se amestecă gălbenușurile.
c) Adăugați amestecul de gelatină. Se răcește și se amestecă până când amestecul se îngroașă ușor. Adăugați vanilia și răciți până când se fixează parțial.
d) Bate albusurile spuma pana la varfuri moi, adauga 2 linguri de zahar, batand pana la varfuri tari; se pliază în primul amestec.
e) Bateți smântâna până se întărește și amestecați în amestecul de plăcintă.
f) Taiati banana, daca doriti, in coaja de patiserie si acoperiti cu umplutura.
g) Se ornează cu globulețe de frișcă cu câte o felie de banană în fiecare glob.

CHIFFON CHESECAKES

28.Cheesecake cu șifon și ananas fără coacere

INGREDIENTE:
- 1 ½ cană de firimituri de biscuiți Graham
- ¼ cană unt nesărat, topit
- 8 uncii cremă de brânză ușoară, înmuiată
- ½ cană de zahăr pudră
- 1 conserve (20 uncii) de ananas zdrobit, scurs
- 1 cană de topping (cum ar fi Cool Whip sau frișcă de casă)

INSTRUCȚIUNI:
a) Într-un castron, combinați firimiturile de biscuiți Graham și untul topit. Se amestecă până când firimiturile sunt acoperite uniform .
b) Apăsați amestecul pe fundul unui vas de plăcintă de 9 inci uns sau căptușit pentru a forma crusta. Puneți la frigider să se răcească în timp ce pregătiți umplutura.
c) Într-un castron separat, bateți crema de brânză ușoară și zahărul pudră până devine omogen și cremos.
d) Încorporați ananasul zdrobit scurs și toppingul bătut până se combină bine.
e) Se toarnă umplutura peste crusta pregătită, întinzând-o uniform.
f) Dați cheesecake-ul la frigider pentru cel puțin 4 ore sau până când se fixează.
g) Tăiați și bucurați-vă de acest cheesecake cu șifon și ananas ușor și răcoritor, fără coacere!

29. Cheesecake cu șifon și caise fără coacere

INGREDIENTE:

- 2 căni de firimituri de biscuiți Graham
- ½ cană unt nesărat, topit
- 1 pachet (8 uncii) de cremă de brânză, înmuiată
- ½ cană de zahăr pudră
- 1 lingurita extract de vanilie
- 1 cană smântână groasă, bătută
- 1 cană conserve de caise
- 1 lingura gelatina
- ¼ cană apă

INSTRUCȚIUNI:

a) Urmați pașii 1-6 din rețeta anterioară pentru a pregăti crusta de biscuiți Graham și umplutura cu cremă de brânză.
b) Într-un castron mic care poate fi utilizat în cuptorul cu microunde, stropiți gelatina peste apă și lăsați-o să stea timp de 5 minute să se înmoaie.
c) Puneți amestecul de gelatină la microunde timp de aproximativ 20 de secunde sau până când gelatina este complet dizolvată. Se lasa sa se raceasca putin.
d) Într-un castron separat, bate smântâna groasă până se formează vârfuri moi.
e) Incorporati usor frisca in amestecul de crema de branza.
f) Turnați treptat amestecul de gelatină răcit în amestecul de cremă de brânză în timp ce pliați continuu.
g) Întindeți conservele de caise peste crusta de biscuit Graham.
h) Se toarnă amestecul de cremă de brânză peste conserve, răspândindu-l uniform.
i) Acoperiți tava cu folie de plastic și lăsați-l la frigider pentru cel puțin 4 ore sau peste noapte pentru a se întări.
j) Odată ce se așează, scoateți părțile laterale ale tavii cu arc și feliați cheesecake-ul pentru a fi servit.

30.Cheesecake cu șifon și cireșe cu lămâie

INGREDIENTE:
CRUSTĂ:
- ¼ cană firimituri de biscuiți Graham

UMPLERE:
- 3 uncii de pudră de gelatină de lămâie
- ⅔ cană apă clocotită
- 1½ cană de brânză de vaci cu conținut scăzut de grăsimi
- 4 uncii cremă de brânză fără grăsimi
- 1 pachet de frisca, usoara

TOPING:
- 1 cutie umplutură de plăcintă cu cireșe (20 uncii)

INSTRUCȚIUNI:
CRUSTĂ:
a) Presărați firimituri de biscuiți Graham pe fundul și pe părțile laterale ale unei farfurii de plăcintă de 9 inci ușor pulverizate.

UMPLERE:
b) Se dizolvă gelatina în apă clocotită; se toarnă într-un blender.
c) Adauga branza de vaci si crema de branza; acoperi.
d) Se amestecă timp de aproximativ trei minute, răzuind părțile laterale după cum este necesar.
e) Se toarnă amestecul într-un bol mare.
f) Îndoiți frișca în amestecul de brânză.
g) Se da la rece până se întărește, aproximativ 5-6 ore.

TOPING:
h) Acoperiți cheesecake-ul cu umplutură de plăcintă cu cireșe.
i) Savurează-ți deliciosul Cheesecake cu Lămâie și Cireșe!

31.Cheesecake cu șifon cu afine

INGREDIENTE:
- 1 1/2 cani de firimituri de biscuiti graham
- 1/4 cană zahăr granulat
- 1/2 cana unt nesarat, topit
- 1 plic gelatina fara aroma
- 1/4 cană apă rece
- 1 cană de afine proaspete sau congelate
- 16 oz cremă de brânză, înmuiată
- 1/2 cană zahăr pudră
- 1 lingurita extract de vanilie
- 1 cană smântână groasă, bătută

INSTRUCȚIUNI:
a) Într-un castron, amestecați pesmeturile de biscuiți graham, zahărul granulat și untul topit până se combină. Apăsați amestecul în fundul unei tavi arcuite de 9 inci. Răciți la frigider în timp ce pregătiți umplutura.

b) Într-o cratiță mică, se presară gelatină peste apă rece și se lasă să stea 1 minut. Se încălzește la foc mic, amestecând până când gelatina se dizolvă complet . Se ia de pe foc si se lasa putin sa se raceasca.

c) Într-un blender sau robot de bucătărie, pasează afinele până la omogenizare. Strecurați piureul printr-o sită cu plasă fină pentru a îndepărta semințele.

d) Într-un bol de amestecare, bate crema de brânză până se omogenizează. Adăugați zahăr pudră și extract de vanilie și amestecați până se omogenizează bine.

e) Adăugați treptat piure de afine în amestecul de brânză cu cremă, batând până la omogenizare.

f) Se adauga frisca pana se incorporeaza bine.

g) Turnați treptat amestecul de gelatină în amestecul de afine, amestecând continuu până se combină.

h) Turnați umplutura peste crusta pregătită și întindeți-o uniform. Se da la frigider pentru cel putin 4 ore sau pana se fixeaza.

i) Odată întărit, scoateți cu grijă cheesecake-ul din tava cu arc. Se servește rece și se ornează cu afine proaspete, dacă se dorește.

32.Cheesecake cu șifon și ananas

INGREDIENTE:
CRUSTĂ:
- 1 cană firimituri Graham
- 1 lingură margarină pentru tub
- 1 lingură sirop de porumb ușor
- ½ lingură apă

UMPLERE:
- ¼ cană apă rece
- ¼ cană lapte uscat instant NF
- 20 uncii de ananas zdrobit, nescurcat
- 1 pachet PLUS 1 lingurita Gelatina fara aroma
- ¾ cană PLUS 2 linguri de zahăr
- 3 linguri suc de lamaie
- 1½ linguriță de vanilie
- ¾ lingurita coaja de lamaie rasa fin
- 6 uncii cremă de brânză LF, cuburi, temperatura camerei.
- ¾ cană iaurt simplu NF

INSTRUCȚIUNI:
a) Într-un robot de bucătărie, combinați pesmetul graham și margarina, amestecând ușor prin pulsare.
b) Într-o ceașcă mică, amestecați siropul de porumb și apa până se omogenizează bine. Se toarnă peste firimituri și se presează din nou până se omogenizează bine și se ține împreună (Adăugați câteva picături de apă dacă este prea uscată). Apăsați pe fundul unei tavi cu arc de 9 inchi pulverizate și coaceți la 350F timp de 7-10 minute până când sunt ferm și ușor nuanțe de maro. Se răcește pe un gratar.
c) Într-un castron mic, amestecați treptat apa în laptele uscat până se omogenizează. Dă la congelator timp de 40-50 de minute până când se îngheață, dar nu complet tare (dacă amestecul îngheață greu, despărțiți-l cu o lingură și lăsați deoparte până se înmoaie puțin).
d) Scurgeți lichidul din ananas într-o cratiță mică, rezervând ananasul. Se presara gelatina peste zeama. Se lasa sa stea 5 minute sau pana se inmoaie. Se pune la foc mediu și se amestecă constant

până când amestecul este fierbinte și gelatina se dizolvă. Lăsați deoparte , amestecând din când în când pentru a preveni depunerea .

e) Combinați zahărul, sucul de lămâie, vanilia și coaja în robotul de bucătărie și procesați până se amestecă bine . Cu mașina în funcțiune, introduceți crema de brânză și amestecați până la omogenizare. Se amestecă ananasul și se lasă deoparte.

f) Transferați laptele congelat într-un bol mare de amestecare. Bateți cu un mixer la putere maximă timp de 5-7 minute până la vârfuri moi. (Fii răbdător)

g) Se amestecă iaurtul în amestecul de gelatină până se omogenizează. Adăugați imediat în laptele bătut și continuați să bateți încă 2 minute. Bateți amestecul de cremă de brânză până când se omogenizează și se omogenizează.

h) Se toarnă în crustă și se netezește suprafața. Se da la frigider pentru cel putin 1 ora.

i) Stropiți cu o glazură de ananas.

33.Cheesecake cu șifon portocaliu

INGREDIENTE:
CRUSTĂ:
- 2 căni de firimituri de biscuiți Graham
- 1 baton (½ cană) de margarină dietetică, topită

Umplutura de portocale:
- 1 cană suc de portocale
- 1 plic de gelatină nearomatizată
- 12 uncii Cremă de brânză cu conținut scăzut de calorii (Neufchâtel), înmuiată
- 1 cană brânză ricotta parțial degresată
- 12 pachete de îndulcitor egal
- 1 pachet de amestec scăzut de calorii pentru topping
- ½ cană lapte degresat
- 2 portocale medii, decojite, fără semințe și tocate (aproximativ 1 cană de segmente de portocale mărunțite)
- 1 portocală, curățată și tăiată în secțiuni pentru ornat (dacă se dorește)

INSTRUCȚIUNI:
CRUSTĂ:
a) Pulverizați o tigaie arcuită de 9 inci cu spray antiadeziv pentru legume.
b) Amestecați bine ingredientele din crustă și apăsați pe fund și la jumătatea părților laterale ale tigaii.
c) Coaceți într-un cuptor preîncălzit la 350 de grade timp de 8 până la 10 minute sau până când se fixează. Misto.

Umplutura de portocale:
d) Turnați sucul de portocale într-o cratiță mică. Se presara gelatina peste sucul de portocale si se lasa sa se inmoaie 1 minut.
e) Se încălzește, amestecând constant, până când gelatina se dizolvă (aproximativ 3 minute).
f) Amestecați crema de brânză și brânza ricotta într-un castron mare până la omogenizare.
g) Pregătiți toppingul bătut conform instrucțiunilor de pe ambalaj, înlocuind apa cu lapte.
h) Îndoiți toppingul bătut în amestecul de brânză.
i) Se amestecă portocalele tocate.
j) Turnați umplutura în crusta pregătită și întindeți-o uniform.
k) Răciți timp de 6 ore sau peste noapte.
l) Ornați cu secțiuni de portocale, dacă doriți.
m) Savurează-ți deliciosul Cheesecake cu șifon portocaliu!

34. Cheesecake cu șifon și fructul pasiunii

INGREDIENTE:
PENTRU BAZĂ:
- 1 cană firimituri de biscuiți (se recomandă biscuiți scotch finger)
- ¼ cană nucă de cocos
- 80 g unt, topit

PENTRU CHEESECECE:
- 500 g crema de branza, moale
- ½ cană de zahăr tos
- 3 lingurite gelatina
- ¼ cană apă clocotită
- 225 g Bucăți de ciocolată albă
- ½ cană pulpă de fructul pasiunii
- Zest de la 2 lime
- 300 ml Cremă îngroșată
- 4 albusuri
- ¼ cană de zahăr tos
- ¼ cană pulpă de fructul pasiunii (în plus, pentru burniță)
- 300 ml Cremă îngroșată
- 2 linguri de zahăr tos

INSTRUCȚIUNI:
a) Folosind un robot de bucătărie, creați 1 cană de firimituri de biscuiți procesând biscuiți dulci.
b) Ungeți și tapetați o tavă rotundă de 20 cm (8 inchi) cu hârtie de copt.
c) Într-un castron mare, combinați firimiturile de biscuiți, nuca de cocos și untul topit. Amestecați bine.
d) Se toarnă firimiturile de biscuiți în baza tăvii de copt, se presează uniform și se dă la rece.
e) Într-un castron separat, bateți 300 ml de smântână îngroșată până se formează vârfuri moi. Pus deoparte.
f) Bate albusurile intr-un castron mic pana se formeaza varfuri moi. Pus deoparte.
g) Topiți ciocolata albă într-un castron peste o cratiță cu apă clocotită. Se amestecă până se omogenizează și se topește complet. Se ia de pe foc si se lasa sa se raceasca putin.

h) Într-un alt castron mare, bate crema de brânză și zahărul până se omogenizează folosind un mixer electric.
i) Dizolvați gelatina în apă clocotită și adăugați-o, împreună cu ciocolata albă și coaja de lime, la amestecul de brânză cremă. Bateți ușor pentru a se combina.
j) Adăugați pulpa de fructul pasiunii și amestecați ușor.
k) Se adauga frisca, urmata de albusurile batute spuma.
l) Turnați amestecul peste baza de pesmet de biscuiți în tava de copt.
m) Se da la frigider si se lasa sa se intample cel putin 3 ore (de preferinta mai mult).
n) Odată întărit, faceți o glazură încălzind ¼ de cană de pulpă de fructul pasiunii cu zahăr tos într-o cratiță mică. Se fierbe aproximativ 5 minute până se îngroașă. Misto.
o) Bateți 300 ml de smântână îngroșată și 2 linguri de zahăr tos până se formează vârfuri tari.
p) Peste cheesecake se toarnă frișca și deasupra se stropește glazura de fructul pasiunii.
q) Reveniți la frigider pentru a se răci înainte de servire.

35.Cheesecake cu șifon și mango

INGREDIENTE:
- 1 1/2 cani de firimituri de biscuiti graham
- 1/4 cană zahăr granulat
- 1/2 cana unt nesarat, topit
- 1 plic gelatina fara aroma
- 1/4 cană apă rece
- 1 cană piure de mango
- 16 oz cremă de brânză, înmuiată
- 1/2 cană zahăr pudră
- 1 lingurita extract de vanilie
- 1 cană smântână groasă, bătută

INSTRUCȚIUNI:
a) Într-un castron, amestecați pesmeturile de biscuiți graham, zahărul granulat și untul topit până se combină. Apăsați amestecul în fundul unei tavi arcuite de 9 inci. Răciți la frigider în timp ce pregătiți umplutura.
b) Într-o cratiță mică, se presară gelatină peste apă rece și se lasă să stea 1 minut. Se încălzește la foc mic, amestecând până când gelatina se dizolvă complet . Se ia de pe foc si se lasa putin sa se raceasca.
c) Într-un bol de amestecare, bate crema de brânză până se omogenizează. Adăugați zahăr pudră și extract de vanilie și amestecați până se omogenizează bine.
d) Adăugați treptat piureul de mango în amestecul de brânză cu cremă, bătând până la omogenizare.
e) Se adauga frisca pana se incorporeaza bine.
f) Se toarnă treptat amestecul de gelatină în amestecul de mango, amestecând continuu până se combină.
g) Turnați umplutura peste crusta pregătită și întindeți-o uniform. Se da la frigider pentru cel putin 4 ore sau pana se fixeaza.
h) Odată întărit, scoateți cu grijă cheesecake-ul din tava cu arc. Se servește rece și se ornează cu felii de mango proaspete, dacă se dorește.

36.Cheesecake cu șifon și zmeură

INGREDIENTE:
- 1 1/2 cani de firimituri de biscuiti graham
- 1/4 cană zahăr granulat
- 1/2 cana unt nesarat, topit
- 1 plic gelatina fara aroma
- 1/4 cană apă rece
- 1 cană de zmeură proaspătă sau congelată
- 16 oz cremă de brânză, înmuiată
- 1/2 cană zahăr pudră
- 1 lingurita extract de vanilie
- 1 cană smântână groasă, bătută

INSTRUCȚIUNI:
a) Într-un castron, amestecați pesmeturile de biscuiți graham, zahărul granulat și untul topit până se combină. Apăsați amestecul în fundul unei tavi arcuite de 9 inci. Răciți la frigider în timp ce pregătiți umplutura.
b) Într-o cratiță mică, se presară gelatină peste apă rece și se lasă să stea 1 minut. Se încălzește la foc mic, amestecând până când gelatina se dizolvă complet . Se ia de pe foc si se lasa putin sa se raceasca.
c) Intr-un blender sau robot de bucatarie, pasa zmeura piure pana se omogenizeaza. Strecurați piureul printr-o sită cu plasă fină pentru a îndepărta semințele.
d) Într-un bol de amestecare, bate crema de brânză până se omogenizează. Adăugați zahăr pudră și extract de vanilie și amestecați până se omogenizează bine.
e) Adăugați treptat piure de zmeură în amestecul de brânză cremă, bateți până la omogenizare.
f) Se adauga frisca pana se incorporeaza bine.
g) Se toarnă treptat amestecul de gelatină în amestecul de zmeură, amestecând continuu până se combină.
h) Turnați umplutura peste crusta pregătită și întindeți-o uniform. Se da la frigider pentru cel putin 4 ore sau pana se fixeaza.
i) Odată întărit, scoateți cu grijă cheesecake-ul din tava cu arc. Se servește rece și se ornează cu zmeură proaspătă, dacă se dorește.

37.Cheesecake cu șifon și mure

INGREDIENTE:
- 1 1/2 cani de firimituri de biscuiti graham
- 1/4 cană zahăr granulat
- 1/3 cana unt nesarat, topit
- 1 1/2 cană mure proaspete
- 2 linguri suc de lamaie
- 2 lingurițe amidon de porumb
- 3 pachete (8 uncii fiecare) cremă de brânză, înmuiată
- 1 cană de zahăr pudră
- 1 lingurita extract de vanilie
- 1 cană smântână groasă, bătută

INSTRUCȚIUNI:
a) Preîncălziți cuptorul la 325°F (160°C). Ungeți o tavă cu arc de 9 inci.
b) Într-un castron, amestecați firimiturile de biscuiți graham, zahărul granulat și untul topit. Apăsați amestecul în fundul tavii pregătite.
c) Într-o cratiță mică, combinați murele, sucul de lămâie și amidonul de porumb. Gatiti la foc mediu pana se ingroasa, amestecand continuu. Se ia de pe foc si se lasa sa se raceasca.
d) Într-un castron mare, bateți crema de brânză, zahărul pudră și extractul de vanilie până la omogenizare.
e) Incorporati usor frisca pana se omogenizeaza bine.
f) Peste crusta pregătită se întinde jumătate din amestecul de cremă de brânză.
g) Puneti jumatate din amestecul de mure peste stratul de crema de branza si amestecati cu un cutit.
h) Repetați cu amestecul de cremă de brânză și amestecul de mure rămas.
i) Coaceți timp de 45-50 de minute sau până se fixează centrul.
j) Lasam cheesecake-ul sa se raceasca in tava pe un gratar. Dați la frigider cel puțin 4 ore sau peste noapte înainte de servire.

38. Cheesecake Matcha şifon

INGREDIENTE:
PENTRU TORTUL ȘIFON:
- 4 ouă mari, separate
- 1/4 cană zahăr granulat
- 1/4 cană ulei vegetal
- 1/4 cană lapte
- 1 lingurita extract de vanilie
- 1 cană de făină de prăjitură
- 1 lingură pudră matcha
- 1 lingurita praf de copt
- 1/4 lingurita sare

PENTRU UMPLUTURA DE CHEESECAKE:
- 8 oz cremă de brânză, înmuiată
- 1/2 cană zahăr pudră
- 1 lingurita pudra matcha
- 1 cană smântână groasă, rece
- 1 lingurita extract de vanilie

INSTRUCȚIUNI:
a) Preîncălziți cuptorul la 325°F (160°C). Se unge și se tapetează fundul unei tavi rotunde de 8 inci cu hârtie de copt.

b) Într-un castron mare, bateți gălbenușurile de ou cu 2 linguri de zahăr până când sunt palide și cremoase. Adăugați uleiul vegetal, laptele și extractul de vanilie și amestecați până se omogenizează bine.

c) Cerneți împreună făina de tort, praful de matcha, praful de copt și sarea. Adăugați treptat ingredientele uscate în amestecul de gălbenușuri de ou, amestecând până la omogenizare.

d) Într-un castron curat separat, bate albușurile spumă. Adăugați treptat restul de 2 linguri de zahăr și continuați să bateți până se formează vârfuri tari.

e) Îndoiți ușor albușurile bătute spumă în aluat până când nu mai rămân dungi.

f) Se toarnă aluatul în tava de tort pregătită și se netezește blatul. Coacem in cuptorul preincalzit pentru 30-35 de minute, sau pana cand o scobitoare introdusa in centru iese curata.

g) Scoateți tortul din cuptor și lăsați-l să se răcească complet în tava pe un grătar.
h) În timp ce prăjitura se răcește, pregătiți umplutura de cheesecake. Într-un castron, bateți crema de brânză moale până la omogenizare. Adăugați zahărul pudră și pudra matcha și bateți până se omogenizează bine și devine cremos.
i) Într-un alt castron, bate smântâna rece răcită cu extract de vanilie până se formează vârfuri tari.
j) Incorporati usor frisca in amestecul de crema de branza pana se omogenizeaza si se omogenizeaza bine.
k) Odată ce tortul de șifon s-a răcit complet, tăiați-l cu grijă pe orizontală în două straturi.
l) Așezați un strat de tort de șifon pe o farfurie de servire sau pe un suport de prăjitură. Întindeți o cantitate generoasă de umplutură de cheesecake matcha peste stratul de tort.
m) Puneți al doilea strat de prăjitură șifon deasupra umpluturii. Întindeți umplutura rămasă de cheesecake matcha peste partea de sus și pe părțile laterale ale tortului.
n) Dă prăjitura la frigider pentru cel puțin 4 ore, sau până când se fixează.
o) Înainte de servire, puteți pudra partea de sus a prăjiturii cu pudră de matcha suplimentară pentru decor, dacă doriți.
p) Tăiați și serviți cheesecake-ul și chiffon matcha răcit. Bucurați-vă!

39.Cheesecake cu șifon și pere cu ghimbir

INGREDIENTE:
PENTRU TORTUL ȘIFON:
- 4 ouă mari, separate
- 1/4 cană zahăr granulat
- 1/4 cană ulei vegetal
- 1/4 cană lapte
- 1 lingurita extract de vanilie
- 1 cană de făină de prăjitură
- 1 lingurita de ghimbir macinat
- 1 lingurita praf de copt
- 1/4 lingurita sare

PENTRU UMPLUTURA DE CHEESECAKE:
- 8 oz cremă de brânză, înmuiată
- 1/2 cană zahăr pudră
- 1/2 lingurita de ghimbir macinat
- 1 lingurita extract de vanilie
- 1 cană smântână groasă, rece

Pentru topping de pere:
- 2 pere coapte, curățate de coajă, fără miez și tăiate felii
- 2 linguri de unt nesarat
- 2 linguri de zahar brun
- 1 lingurita scortisoara macinata
- 1/2 lingurita de ghimbir macinat
- 1/4 cană apă

INSTRUCȚIUNI:
a) Preîncălziți cuptorul la 325°F (160°C). Se unge și se tapetează fundul unei tavi rotunde de 8 inci cu hârtie de copt.
b) Într-un castron mare, bateți gălbenușurile de ou cu 2 linguri de zahăr până când sunt palide și cremoase. Adăugați uleiul vegetal, laptele și extractul de vanilie și amestecați până se omogenizează bine.
c) Cerneți împreună făina de tort, ghimbirul măcinat, praful de copt și sarea. Adăugați treptat ingredientele uscate în amestecul de gălbenușuri de ou, amestecând până la omogenizare.
d) Într-un castron curat separat, bate albușurile spumă. Adăugați treptat restul de 2 linguri de zahăr și continuați să bateți până se formează vârfuri tari.
e) Îndoiți ușor albușurile bătute spumă în aluat până când nu mai rămân dungi.
f) Turnați aluatul în tava de tort pregătită și neteziți blatul. Coacem in cuptorul preincalzit pentru 30-35 de minute, sau pana cand o scobitoare introdusa in centru iese curata.
g) Scoateți tortul din cuptor și lăsați-l să se răcească complet în tava pe un grătar.
h) În timp ce prăjitura se răcește, pregătiți umplutura de cheesecake. Într-un castron, bateți crema de brânză moale până la omogenizare. Adăugați zahărul pudră, ghimbirul măcinat și extractul de vanilie și bateți până se combină bine și devine cremos.
i) Într-un alt castron, bate smântâna rece răcită până se formează vârfuri tari. Incorporati usor frisca in amestecul de crema de branza pana se omogenizeaza si se omogenizeaza bine.
j) Odată ce tortul de șifon s-a răcit complet, tăiați-l cu grijă pe orizontală în două straturi.
k) Așezați un strat de tort de șifon pe o farfurie de servire sau pe un suport de prăjitură. Întindeți o cantitate generoasă de umplutură de cheesecake cu ghimbir peste stratul de tort.
l) Puneți al doilea strat de prăjitură șifon deasupra umpluturii. Întindeți umplutura rămasă de cheesecake cu ghimbir peste partea de sus și pe părțile laterale ale tortului.

m) Pentru a pregăti toppingul de pere, topește untul într-o tigaie la foc mediu. Adăugați perele tăiate felii, zahăr brun, scorțișoară măcinată, ghimbir măcinat și apă. Gatiti, amestecand ocazional, pana cand perele se inmoaie si se caramelizeaza, aproximativ 5-7 minute . Se ia de pe foc si se lasa sa se raceasca putin.
n) Peste blatul cheesecake-ului se pune toppingul de pere caramelizate.
o) Dați cheesecake-ul la frigider pentru cel puțin 4 ore sau până când se fixează.
p) Înainte de servire, puteți orna blatul cheesecake-ului cu felii suplimentare de pere proaspătă, dacă doriți.
q) Tăiați și serviți cheesecake-ul șifon și ghimbir, rece. Bucurați-vă de combinația delicioasă de ghimbir picant, pere dulci și umplutură cremoasă de cheesecake!

40.Cheesecake cu șifon cu banane caramelizate

INGREDIENTE:
PENTRU TORTUL ȘIFON:
- 4 ouă mari, separate
- 1/4 cană zahăr granulat
- 1/4 cană ulei vegetal
- 1/4 cană lapte
- 1 lingurita extract de vanilie
- 1 cană de făină de prăjitură
- 1 lingurita praf de copt
- 1/4 lingurita sare

PENTRU UMPLUTURA DE CHEESECAKE:
- 8 oz cremă de brânză, înmuiată
- 1/2 cană zahăr pudră
- 1 lingurita extract de vanilie
- 1 cană smântână groasă, rece

PENTRU TOPINGUL DE BANANE CARAMELIZATE:
- 2 banane coapte, feliate
- 2 linguri de unt nesarat
- 1/4 cană zahăr brun
- 1/4 lingurita de scortisoara macinata
- 1/4 cană smântână groasă

INSTRUCȚIUNI:

a) Preîncălziți cuptorul la 325°F (160°C). Se unge și se tapetează fundul unei tavi rotunde de 8 inci cu hârtie de copt.
b) Într-un castron mare, bateți gălbenușurile de ou cu 2 linguri de zahăr pană când sunt palide și cremoase. Adăugați uleiul vegetal, laptele și extractul de vanilie și amestecați până se omogenizează bine.
c) Cerneți împreună făina de prăjitură, praful de copt și sarea. Adăugați treptat ingredientele uscate în amestecul de gălbenușuri de ou, amestecând până la omogenizare.
d) Într-un castron curat separat, bate albușurile spumă. Adăugați treptat restul de 2 linguri de zahăr și continuați să bateți până se formează vârfuri tari.
e) Îndoiți ușor albușurile bătute spumă în aluat până când nu mai rămân dungi.
f) Turnați aluatul în tava de tort pregătită și neteziți blatul. Coacem in cuptorul preincalzit pentru 30-35 de minute, sau pana cand o scobitoare introdusa in centru iese curata.
g) Scoateți tortul din cuptor și lăsați-l să se răcească complet în tava pe un grătar.
h) În timp ce prăjitura se răcește, pregătiți umplutura de cheesecake. Într-un castron, bateți crema de brânză moale până la omogenizare. Adăugați zahărul pudră și extractul de vanilie și bateți până se omogenizează bine și devine cremos.
i) Într-un alt castron, bate smântâna rece răcită până se formează vârfuri tari. Incorporati usor frisca in amestecul de crema de branza pana se omogenizeaza si se omogenizeaza bine.
j) Odată ce tortul de șifon s-a răcit complet, tăiați-l cu grijă pe orizontală în două straturi.
k) Așezați un strat de tort de șifon pe o farfurie de servire sau pe un suport de prăjitură. Întindeți o cantitate generoasă de umplutură de cheesecake peste stratul de tort.
l) Puneți al doilea strat de prăjitură șifon deasupra umpluturii. Întindeți umplutura de cheesecake rămasă peste partea superioară și pe părțile laterale ale prăjiturii.

m) Pentru a pregăti toppingul cu banane caramelizate, topește untul într-o tigaie la foc mediu. Adăugați bananele feliate, zahărul brun și scorțișoara măcinată. Gatiti, amestecand ocazional, pana cand bananele se inmoaie si se caramelizeaza, aproximativ 5-7 minute . Se ia de pe foc si se lasa sa se raceasca putin.
n) Într-o cratiță mică separată, încălziți smântâna grea până se încălzește. Se toarnă crema caldă peste bananele caramelizate și se amestecă până se omogenizează bine.
o) Peste blatul cheesecake-ului se pune toppingul de banane caramelizate.
p) Dați cheesecake-ul la frigider pentru cel puțin 4 ore sau până când se fixează.
q) Înainte de servire, puteți orna blatul cheesecake-ului cu felii suplimentare de banană proaspătă, dacă doriți.
r) Tăiați și serviți cheesecake-ul și chiffon cu banane caramelizat, răcit. Bucurați-vă de combinația delicioasă de banane dulci caramelizate și umplutură cremoasă de cheesecake!

Prăjituri ȘIFON

41.Tort Yuzu din șifon

INGREDIENTE:
- 3 albusuri
- 40 g zahăr fin
- 3 galbenusuri de ou
- 10 g zahăr fin
- 20 g tarate de orez/ulei vegetal
- 40 g suc Yuzu
- 15 g ceai coreean de citron

INSTRUCȚIUNI:
a) Tapetați baza unei forme rotunde de 6" cu hârtie de copt. Nu este nevoie să ungeți partea laterală.
b) Cerneți de două ori făina de tort. Pus deoparte.
c) Tăiați cojile de ceai de citron în bucăți. Combinați tărâțe de orez/ulei vegetal, sucul de yuzu și ceaiul de citron într-un pahar mic. Pus deoparte.
d) Într-un castron separat, bateți gălbenușul de ou cu 10 g de zahăr fin până devine cremos
e) Adăugați amestecul treptat.
f) Cerneți și combinați făina în câteva reprize, pentru a evita amestecarea excesivă a făinii. Acoperiți și lăsați deoparte.
g) Într-un castron separat, curat și fără grăsimi, bate albușul spumos, apoi începe să adaugi treptat 40 g de zahăr. Bateți la viteză medie-mare până la stadiul de vârf aproape rigid.
h) Reduceți viteza mixerului la mică în ultimul minut. Pus deoparte.
i) Adăugați aproximativ ⅓ din bezea și amestecați bine.
j) Se toarnă înapoi pentru a se combina cu bezea rămasă. Se pliază pentru a se combina într-un aluat fin.
k) Turnați aluatul într-o tavă rotundă de 6" neunsă. Loviți tava de blatul de lucru pentru a îndepărta orice bule de aer prinse.
l) Coaceți în cuptorul preîncălzit la 140 de grade Celsius pentru aproximativ 25 până la 30 de minute, la gratarul cel mai de jos.
m) Când prăjitura se ridică aproape să ajungă la marginea formei de tort, crește temperatura la 170 de grade Celsius timp de aproximativ 10 până la 15 minute.

n) La 10 minute după copt la 170 de grade Celsius, prăjitura a continuat să se ridice deasupra marginii formei de tort. La 15 minute după coacere la 170 de grade Celsius.
o) Scoatem din cuptor si aruncam prajitura cu tava, de 3 ori peste o carpa. Rasturnați forma imediat peste un grătar pentru a se răci timp de aproximativ 25 de minute.
p) Întoarceți prăjitura fierbinte peste un grătar de sârmă care se sprijină deasupra unui vas de orez deschis, timp de aproximativ 25 de minute. Mi se pare mai ușor decât să echilibrezi pe două boluri,
q) Scoateți tortul din formă și răciți peste grătar.
r) Lăsați tortul să se răcească complet înainte de a o tăia.

42.Prajitura de sifon cu ciocolata

INGREDIENTE:
- 1 ¾ cană de făină universală
- 1 ½ cană de zahăr granulat
- ¾ cană pudră de cacao neîndulcită
- 1 ½ linguriță de praf de copt
- 1 lingurita de bicarbonat de sodiu
- ½ lingurita sare
- ½ cană ulei vegetal
- 7 ouă mari, separate
- 1 cană apă
- 1 lingurita extract de vanilie
- ½ lingurita crema de tartru

PENTRU GLAURA DE COCOCOLATĂ:
- 2 căni de smântână groasă, rece
- ½ cană de zahăr pudră
- ¼ cană pudră de cacao neîndulcită
- 1 lingurita extract de vanilie

GARNITURA OPTIONALA:
- Așchii de ciocolată
- Boabele proaspete

INSTRUCȚIUNI:
PENTRU PRĂJITUL ȘIFON DE CIOCOLATA:
a) Preîncălziți cuptorul la 170°C (340°F) și ungeți și făinați o tavă tubulară de 10 inchi.
b) Într-un castron mare, amestecați făina, zahărul granulat, pudra de cacao, praful de copt, bicarbonatul de sodiu și sarea.
c) Faceți o adâncitură în centrul ingredientelor uscate și adăugați uleiul vegetal, gălbenușurile de ou, apa și extractul de vanilie. Bateți până se omogenizează și bine combinați.
d) Într-un castron separat, bate albușurile spumă și crema de tartru cu un mixer electric până se formează vârfuri tari.
e) Incorporati usor albusurile batute spuma in aluatul de ciocolata, avand grija sa nu amestecati prea mult.
f) Se toarnă aluatul în tava cu tuburi pregătită și se netezește blatul cu o spatulă.

g) Coacem in cuptorul preincalzit pentru aproximativ 45-50 de minute sau pana cand o scobitoare introdusa in centrul prajiturii iese curata.
h) Scoateți tortul din cuptor și răsturnați tava pe un grătar pentru a se răci complet. Acest lucru ajută prăjitura să-și mențină înălțimea și împiedică prăbușirea.

PENTRU GLAURA DE COCOCOLATĂ:
i) Într-un bol de amestecare răcit, bateți smântâna groasă, zahărul pudră, pudra de cacao și extractul de vanilie până se formează vârfuri tari.
j) Aveți grijă să nu bateți în exces, deoarece poate transforma crema în unt.

ASAMBLARE:
k) Odată ce prăjitura de șifon de ciocolată s-a răcit complet, treceți cu un cuțit pe marginile tăvii pentru a slăbi tortul. Scoateți-l din tavă și puneți-l pe o farfurie de servire.
l) Întindeți glazura de frișcă de ciocolată peste partea de sus și pe părțile laterale ale tortului, folosind o spatulă pentru a crea un strat neted și uniform.
m) Opțional: Ornați tortul cu așchii de ciocolată și fructe de pădure proaspete pentru un plus de eleganță.
n) Tăiați și serviți prăjitura șifon de ciocolată, savurându-i bunătatea ușoară și ciocolată.

43. Prajitura din sifon Dalgona

INGREDIENTE:
Pentru tort:
- 6 ouă mari, separate
- ½ cană zahăr granulat
- ½ cană ulei vegetal
- ½ cană de cafea Dalgona
- 1 lingurita extract de vanilie
- 1 ½ cani de faina de prajitura
- 2 lingurite praf de copt
- ¼ lingurita sare

PENTRU GLAURA DE CAFEA DALGONA:
- 1 ½ cană de smântână groasă, rece
- ¼ cană zahăr pudră
- ¼ de cană de cafea Dalgona
- Pudră de cacao (pentru praf, opțional)

INSTRUCȚIUNI:
a) Preîncălziți cuptorul la 325°F (165°C). Ungeți și făinați o tavă de chiffon pentru tort.
b) Într-un castron mare, bateți gălbenușurile și zahărul împreună până devin cremoase și galben pal.
c) Adăugați uleiul vegetal, cafeaua Dalgona și extractul de vanilie la amestecul de gălbenușuri de ou. Amesteca bine.
d) Într-un castron separat, amestecați făina de prăjitură, praful de copt și sarea.
e) Adăugați treptat ingredientele uscate la ingredientele umede, amestecând până se combină. Aveți grijă să nu amestecați în exces.
f) Într-un alt bol curat, bate albușurile spumă până se formează vârfuri moi.
g) Albusurile batute spuma in aluat se unesc usor pana se incorporeaza bine.
h) Turnați aluatul în tava de chiffon pentru tort pregătită. Se netezește partea de sus cu o spatulă.

i) Coacem in cuptorul preincalzit pentru aproximativ 45-50 de minute sau pana cand o scobitoare introdusa in centrul prajiturii iese curata.
j) Scoateți tortul din cuptor și lăsați-l să se răcească cu capul în jos în tavă pentru a nu se prăbuși.
k) După ce prăjitura s-a răcit complet, scoateți-l cu grijă din tavă.
l) Pentru glazura cu frișcă de cafea Dalgona, bateți smântâna rece și zahărul pudră până când se formează vârfuri moi. Adăugați cafeaua Dalgona și continuați să bateți până se formează vârfuri tari.
m) Înghețați prăjitura de șifon răcită cu glazura de frișcă de cafea Dalgona, acoperind partea de sus și părțile laterale ale tortului.
n) Opțional: Pudrați partea de sus a tortului cu pudră de cacao pentru un plus de aromă și decor.
o) Tăiați și serviți Prajitura de șifon cu cafea Dalgona. Bucurați-vă!

44.Tort șifon cu banane

INGREDIENTE:
- 1 cană albușuri
- ½ lingurita crema de tartru
- 2¼ cani de faina de prajitura
- 1 lingura Praf de copt
- 1¼ cană de zahăr
- 5 gălbenușuri de ou
- 1 cană banană; piure
- ½ cană de ulei
- 3 linguri Bourbon
- 1 lingurita de vanilie
- 2 linguri Bourbon
- 1 lingura de lapte
- 1½ cană de zahăr cofetar; Cernut
- Căpșuni (pentru garnitură)
- Banana taiata felii (pentru garnitura)

INSTRUCȚIUNI:
a) Preîncălziți cuptorul la 325°F. Pregătiți o tigaie tub de 10" cu fund detașabil; nu ungeți.
b) Adăugați crema de tartru în albușuri și bateți cu un mixer electric până se formează vârfuri tari. Aveți grijă să nu supraîncărcați.
c) Într-un alt castron, amestecați făina, zahărul și praful de copt până se omogenizează bine. Faceți o fântână în centru și adăugați gălbenușurile de ou, piure de banane, ulei, apă cu bourbon (⅓ cană) și vanilie.
d) Bateți ingredientele în godeu cu un mixer electric, încorporând treptat ingredientele uscate de pe margine, până se obține un aluat fin .
e) Turnați ⅓ din aluat peste albușuri și amestecați rapid, dar ușor, până când aluatul și albușurile se omogenizează. Repetați acest proces de două ori cu aluatul rămas.
f) Turnați aluatul combinat în tava tubulară pregătită. Coaceți 55 de minute fără a deschide ușa cuptorului pentru a preveni căderea prăjiturii. Creșteți temperatura cuptorului la 350 ° F și coaceți încă

10-15 minute sau până când o scobitoare introdusă în centru iese curată.

g) Agățați tortul cu capul în jos pentru a se răci complet. Odată răcit, scoateți tortul din tavă.

GLAZURĂ:

h) Încălziți bourbonul și laptele la fiert. Se amestecă zahărul de cofetă până se dizolvă.
i) Stropiți imediat glazura peste partea superioară și pe părțile laterale ale prăjiturii.
j) Lăsați tortul să se răcească până când glazura se întărește înainte de ornat.
k) Se ornează cu banane feliate și căpșuni.
l) Tăiați tortul cu un cuțit lung zimțat pentru servire.

45.Tort cu miere din șifon

INGREDIENTE:
- 4 ouă
- 1 cană de zahăr
- 1 cană de ulei
- 1½ cană Miere
- 3 căni de făină
- 3 lingurițe Praf de copt
- ½ lingurita de bicarbonat de sodiu
- 1 lingurita scortisoara
- 1 cana cafea rece

INSTRUCȚIUNI:
a) Preîncălziți cuptorul la 350 de grade.
b) Într-un castron mare, bate bine ouăle. Adăugați zahărul și bateți la viteză mare până când amestecul este ușor și cremos.
c) Adăugați ulei și miere în amestecul de ouă, batând la viteză medie până se omogenizează bine.
d) Într-un castron separat, combinați ingredientele uscate făina, praful de copt, bicarbonatul de sodiu și scorțișoara.
e) Adăugați ingredientele uscate în amestecul de ouă alternativ cu cafeaua rece.
f) Turnați aluatul într-o tavă neunsă cu tuburi de 10 inci.
g) Coaceți la 350 de grade timp de 15 minute, apoi reduceți căldura la 325 de grade și coaceți încă o oră sau până când o scobitoare introdusă în centru iese curată.
h) Când prăjitura este gata , răsturnați-o și lăsați-o să se răcească complet înainte de a o scoate din tavă.
i) Savurează-ți deliciosul Tort Chiffon Honey!

46.Tort Tahini Sifon Cu Miere si Rubarba

INGREDIENTE:
MIERE ARSĂ
- ½ cană miere
- ½ lingurita sare kosher
- ⅓ cană smântână groasă rece

RUBARBA BRACONATĂ
- 3 păstăi de cardamom verde, crăpate (opțional)
- 1 cană (200 g) zahăr organic din trestie sau zahăr granulat
- 3 tulpini roz de rubarbă, tăiate, frunzele îndepărtate, tăiate în bucăți

TORTA SI MONTAJ
- Spray de ulei vegetal antiaderent sau ulei vegetal
- ½ cană (65 g) semințe de susan
- ½ cană plus 1 linguriță (72 g) făină de prăjitură
- 1 lingurita praf de copt
- ½ lingurita sare kosher
- 2 galbenusuri mari, la temperatura camerei
- 2 linguri plus ¾ de lingurita (35 g) tahini
- 8 linguri (100 g) zahăr organic din trestie sau zahăr granulat, împărțit
- 3 albusuri mari, la temperatura camerei
- ⅛ linguriță de cremă de tartru sau un strop de oțet sau suc proaspăt de lămâie
- ⅔ cană smântână groasă rece

INSTRUCȚIUNI:
MIERE ARSĂ
a) Aduceți mierea la fierbere într-o cratiță medie (puțin mai mare decât credeți că veți avea nevoie, deoarece mierea va clocoti) la foc mediu și gătiți până când devine maro auriu și miros prajit, aproximativ 2 minute.

b) Se ia de pe foc si se amesteca cu sare. Turnați cu grijă smântână (aceasta va ajuta la oprirea gătitului). Mierea va bule și va pulveriza, așa că aveți grijă.

c) Se amestecă cu o lingură de lemn sau o spatulă de cauciuc până se omogenizează. Lăsați amestecul de miere ars să se răcească, apoi transferați-l într-un recipient ermetic.
d) Se acopera si se da la rece pana la rece, cel putin 3 ore. Faceți înainte: amestecul de miere ars poate fi preparat cu 3 zile înainte. Păstrați la rece.

RUBARBA BRACONATĂ
e) Aduceți cardamomul (dacă se folosește), zahărul și ¾ de cană de apă la fiert într-o cratiță medie la foc mediu-mare, amestecând pentru a dizolva zahărul.
f) Dacă folosiți cardamom, luați de pe foc, acoperiți și lăsați să stea timp de 15 minute pentru a infuza. Puneți siropul înapoi la foc mediu-mare și reveniți la fierbere.
g) Adăugați rubarba și gătiți până când amestecul începe să bule din nou; se ia de pe foc. Acoperiți și lăsați să stea până când bucățile de rubarbă se înmoaie, dar încă își păstrează forma, 70-80 de minute. Faceți înainte: rubarba poate fi braconată cu 1 zi înainte. Transferați într-un recipient etanș; acoperiți și răciți.

TORTA SI MONTAJ
h) Preîncălziți cuptorul la 350°F. Ungeți ușor tava de prăjitură cu spray antiaderent sau ușor ulei. Tapetați fundul cu o hârtie de pergament rotund și pulverizați sau uleiați rotund. Turnați semințele de susan în tigaie și agitați ușor și înclinați tigaia pentru a acoperi fundul și părțile laterale, îndepărtați orice exces. Cerneți făina de prăjitură, praful de copt și sarea într-un castron mediu.
i) Bateți gălbenușurile de ou, tahini, 6 linguri (75 g) zahăr și 3 linguri de apă la temperatura camerei într-un castron mic pentru a se combina. Adăugați ingredientele uscate și amestecați bine; pune aluatul deoparte.
j) Bateți albușurile spumă și crema de tartru în bolul unui mixer cu suport prevăzut cu accesoriul pentru tel, la viteză medie, doar până când apar bule de spumă, aproximativ 15 secunde. Cu motorul pornit, presară restul de 2 linguri (25 g) zahăr câte o linguriță, batând 15-20 de secunde după fiecare adăugare pentru a se încorpora înainte de a adăuga mai mult. (Fă-ți timp pentru a

construi o bezea puternică și tortul tău îți va mulțumi pentru asta.) Bate până când bezea este lucioasă și se formează vârfuri tari.

k) Folosind o spatulă de cauciuc, adăugați o treime din bezea în aluatul rezervat și pliați până devine doar striate, având grijă să nu dezumflați bezea. Repetați încă de două ori, împărțind bezeaua rămasă în jumătate și amestecând adăugarea finală până când nu mai rămân dungi. Răzuiți imediat aluatul în tava pregătită și bateți ușor tava pe blat pentru a distribui uniform și a uniformiza dimensiunea bulelor.

l) Coaceți prăjitura până când un tester introdus în centru iese curat, iar blatul este umflat și revine înapoi când este apăsat ușor, 30-35 de minute . Întoarceți imediat tortul pe un grătar, îndepărtați pergamentul și întoarceți-l cu partea dreaptă în sus.

m) Lăsați să se răcească (partea de sus se va aplatiza pe măsură ce se răcește). Răsturnați tortul pe un tort sau o altă farfurie mare, astfel încât crusta de susan să fie deasupra.

n) Bateți amestecul răcit de miere arsă și smântâna în vasul curat al unui mixer cu suport prevăzut cu accesoriul pentru tel (un bol mediu și un tel vor funcționa și ele) până când se formează vârfuri medii-ferme. (Vrei acea consistență perfectă, în care își menține forma pe o farfurie, dar are totuși puțină slăbiciune.)

o) Pentru a servi, tăiați tortul în șase felii cu un cuțit zimțat, folosind o mișcare lungă și blândă de tăiere. Acest lucru va ajuta la conservarea firimiturii tortului și vă va oferi o bucată curată. Împărțiți, tăiați cu partea în jos, în farfurii și puneți alături câteva linguri pline de cremă de miere arsă.

p) Cu ajutorul unei furculițe, ridicați 3-4 bucăți de rubarbă din sirop și aranjați lângă prăjitură.

q) Se stropește peste prăjitură puțin sirop de rubarbă, dacă se dorește.

47. Prajitura din sifon cu ciocolata

INGREDIENTE:

- 2¼ cani de faina
- 1 lingura Praf de copt
- 1 lingurita Sare
- 1¾ cană de zahăr
- ½ cană ulei vegetal
- ¾ cană apă
- 5 gălbenușuri de ou
- 2 lingurite extract de vanilie
- 7 albușuri
- ½ lingurita crema de tartru
- 1 uncie (3 pătrate) de ciocolată neîndulcită, rasă
- 1 uncie (3 pătrate) de ciocolată neîndulcită
- 3 linguri Scurtare
- 2 căni de zahăr pudră, cernut
- ¼ cană (+1 lingură) lapte
- 1 lingurita extract de vanilie

INSTRUCȚIUNI:

a) Cerne împreună făina, praful de copt, sarea și zahărul. Faceți o fântână în mijlocul ingredientelor uscate.

b) Adăugați ulei, apă, gălbenușuri de ou și vanilie. Bateți la viteză medie cu un mixer electric timp de 2 minute.

c) Într-un castron separat, bate albușurile și crema de tartru la viteză mare până se formează vârfuri tari.

d) Se toarnă amestecul de gălbenușuri într-un jet subțire și constant pe toată suprafața albușurilor. Îndoiți ușor albusurile în amestecul de gălbenușuri.

e) Încorporați ciocolata rasă. Turnați aluatul într-o tavă neunsă cu tuburi de 10 inci, răspândindu-l uniform cu o spatulă.

f) Coaceți la 325°F timp de 55 de minute. Creșteți temperatura la 350 °F și coaceți încă 10 minute sau pana când prăjitura revine când este ușor atins.

g) Scoateți din cuptor; răsturnați tava și lăsați tortul să se răcească timp de 40 de minute.

h) Slăbiți tortul de pe părțile laterale ale tăvii folosind o spatulă metalică îngustă, apoi scoateți-l din tavă.

GLAZURĂ:

i) Combinați ciocolata și shorteningul în partea de sus a unui cazan. Aduceți apă la fiert; reduceți focul la mic și gătiți până se topește ciocolata, amestecând din când în când.

j) Adăugați zahăr și amestecați până se omogenizează.

k) Adăugați laptele și ingredientele rămase; se amestecă până când glazura devine consistentă.

l) Întindeți glazura deasupra și pe părțile laterale ale tortului.

m) Bucurați-vă de prăjitura decadentă din șifon cu ciocolată!

48.Tort de șifon cu lămâie și mac

INGREDIENTE:
- 2¼ cani de faina de prajitura necernuta
- 1¼ cană de zahăr
- 3 linguri seminte de mac
- 1 lingura Praf de copt
- 1 lingura coaja de lamaie rasa fin
- ¼ lingurita Sare
- 8 albusuri mari, la temperatura camerei
- ½ lingurita crema de tartru
- 4 galbenusuri mari
- ½ cană de canola sau alt ulei vegetal
- ½ cană apă
- ¼ cană suc de lămâie
- 1 lingurita extract de lamaie

INSTRUCȚIUNI:

a) Într-un castron mediu, combinați făina, 1 cană de zahăr, semințele de mac, praful de copt, coaja de lămâie și sarea. Pus deoparte.
b) Încinge cuptorul la 325°F. Într-un castron mare, cu un mixer electric la viteză mare, bate albușurile spumă și crema de tartru până se formează vârfuri moi. Bateți treptat restul de ¼ de cană de zahăr până se formează vârfuri tari. Pune deoparte albusurile batute.
c) Faceți un godeu în centrul amestecului de făină. Adăugați gălbenușurile de ou, uleiul, apa, suc de lămâie și extractul de lămâie; se bat cu mixerul la viteza medie pana aluatul este omogen. Puneți foarte ușor aluatul de lămâie în albușurile bătute spumă, până se omogenizează.
d) Răspândiți aluatul într-o tigaie tubulară neunsă de 10 inci, cu fund detașabil.
e) Coaceți timp de 65 până la 70 de minute sau până când un tester de prăjituri introdus lângă centrul prăjiturii iese curat.
f) Răsturnează tigaia peste o pâlnie sau o sticlă și se răcește complet. Pentru a scoate tortul din tavă, folosește o spatulă mică de metal pentru a slăbi cu grijă tortul din jurul tavă. Scoateți partea laterală a tigaii. Slăbiți centrul și fundul și scoateți fundul tavii de pe tort.
g) Așezați tortul, cu dreapta în sus, pe o farfurie de servire ; feliați și serviți.
h) Savurează-ți deliciosul tort de șifon cu lămâie și mac!

49. Tort din șifon Earl Grey

INGREDIENTE:
- 6 ouă mari, separate
- 1/2 cană zahăr granulat
- 1/4 cană ulei vegetal
- 1/4 cană lapte
- 1 lingurita extract de vanilie
- 1/4 cană ceai Earl Grey fiert puternic, răcit
- 1 1/4 cani de faina de tort
- 1 lingură frunze de ceai Earl Grey (opțional)
- 1 lingurita praf de copt
- 1/4 lingurita sare

INSTRUCȚIUNI:
a) Preîncălziți cuptorul la 325°F (160°C). Ungeți și făinați o tavă de chiffon pentru tort.
b) Într-un castron mare, bateți gălbenușurile de ou cu zahărul până când sunt palide și cremoase. Adăugați ulei vegetal, lapte, extract de vanilie și ceai Earl Grey preparat. Amesteca bine.
c) Cerne împreună făina de prăjitură, frunzele de ceai opționale, praful de copt și sarea. Adăugați treptat ingredientele uscate în amestecul de gălbenușuri de ou, amestecând până la omogenizare.
d) Într-un castron curat separat, bate albușurile spumă. Adăugați treptat zahărul și continuați să bateți până se formează vârfuri tari.
e) Albusurile batute spuma in aluat se pliaza usor pana se incorporeaza complet.
f) Turnați aluatul în tava de chiffon pentru tort pregătită și neteziți partea superioară.
g) Coacem in cuptorul preincalzit 40-45 de minute sau pana cand o scobitoare introdusa in centru iese curata.
h) Odată copt, scoateți din cuptor și răsturnați imediat tava pe un grătar pentru a se răci complet.
i) Dupa ce s-a racit, scoatem cu grija prajitura din tava si servim felii pudrate cu zahar pudra sau cu o lingura de frisca.

50.Tort cu sifon cu lavanda

INGREDIENTE:
BURET ȘIFON LAVANDA
- 7 oua (temperatura camerei)
- 300 g zahăr
- 100 ml ulei de floarea soarelui
- 300 g faina universala
- 4 linguri praf de copt
- 160 ml lapte integral
- 1 lingurita extract de lavanda

CREMA DE UNT ELVETIA DE MERINGUE
- 270 g zahăr
- 65 ml apă
- 5 albusuri
- 340 g unt (temperatura camerei)
- Câteva picături de extract de lavandă
- Colorant alimentar (violet + roz)

INSTRUCȚIUNI:
FACEȚI TORTUL DE ȘIFON DE LAVANDA
a) Preîncălziți cuptorul la 175°C (375°F).
b) Unge și făină formele de tort și tapetează baza cu hârtie de copt.
c) Bateți 6 gălbenușuri de ou, zahărul și extractul de lavandă cu un mixer electric până devine palid și pufos.
d) Adăugați încet uleiul de floarea soarelui în timp ce amestecați.
e) Într-un castron separat, batem 7 albușuri cu un mixer electric până devin pufoase.
f) Alternând între lapte și făină, adăugați la amestec și amestecați până se omogenizează.
g) Apoi, pliați ușor albușurile spumă în aluat.
h) Împărțiți aluatul uniform între cele trei forme de tort.
i) Coaceți tortul timp de 25 până la 30 de minute.
j) PSA: Fiecare cuptor este unic, așa că este posibil ca cuptorul dumneavoastră să necesite un timp de coacere mai scurt sau mai lung.

k) Introduceți o scobitoare în interiorul unei prăjituri la marcajul de 20 de minute pentru a evalua cât timp ar mai avea nevoie tortul în cuptor.
l) Scoateți formele din cuptor.
m) Întoarceți fiecare prăjitură, împreună cu forma sa de tort, cu susul în jos pe o tavă tapetată cu hârtie de copt. Acest lucru va ajuta la prevenirea scufundării buretelui.
n) Lasam sa se raceasca 20 de minute, apoi scoatem din forme. Se lasa la odihnit pana se raceste pe un gratar.

CREMA DE UNT DE MERINGUE ELVETIA DE LAVANDA
o) Puneți zahărul și apa într-o cratiță și aduceți la fierbere.
p) În vasul unui mixer cu suport prevăzut cu accesoriu pentru tel, adăugați 5 albușuri.
q) Odată ce zahărul ajunge la 116°C (240°F), începeți să bateți spumă albușurile până la un vârf ferm.
r) Odată ce zahărul ajunge la 121°C (250°F), se scoate de pe aragaz și se toarnă încet în albușurile bătute spumă în timp ce se bate la foc mic.
s) După ce s-a adăugat tot siropul, dați viteza la mare și bateți până când amestecul s-a răcit la călduț, iar bezeaua este tare și pufoasă.
t) Tăiați untul în bucăți mici și adăugați puțin câte puțin în timp ce încă amestecați. Textura va arăta lucioasă și netedă.
u) Adăugați extractul de lavandă.
v) Dacă bezeaua pare curgătoare sau despicată, lăsați la congelator câteva minute și bateți din nou.

MONTAREA TORTULUI
w) Folosind un nivelator pentru tort, scoateți partea de sus a fiecărei prăjituri. Scoateți fundul tortului care va fi stratul mijlociu. Toate cele 3 straturi trebuie tăiate la aceeași înălțime.
x) Puneți o placă de tort pe un platou de tort și adăugați puțină bezea.
y) Puneți stratul de jos al tortului pe tabla de tort. Partea firimituri ar trebui să fie orientată în jos.
z) Ungeți buretele cu sirop de zahăr, dacă doriți.
aa) Întindeți un strat de cremă de unt folosind o spatulă.
bb) Adăugați al doilea strat și repetați pasul de mai sus.
cc) Puneți al treilea și ultimul strat deasupra.

dd) Aplicați un strat subțire de cremă de unt peste tot tortul, deasupra și părțile laterale, pentru a se sfărâma.
ee) Dam la frigider pentru 25 de minute.
ff) Pune deoparte 1/3 din crema de unt de bezea elvețiană rămasă și adaugă colorant alimentar pentru a obține o culoare liliac.
gg) Puneți cremă de unt albă și liliac fiecare într-o pungă.
hh) Tăiați bezea liliac pe partea laterală a prăjiturii de jos până la aproximativ jumătate din înălțimea tortului, apoi adăugați bezea albă pe lateral și deasupra tortului.
ii) Folosind o racletă, nivelați crema de unt până la un strat frumos și uniform și mai adăugați câteva pentru a repara orice găuri. Ar trebui să obțineți un gradient frumos violet spre alb.
jj) Se da la rece 20 de minute la frigider.

Păstrați fiecare culoare de cremă de unt într-o pastă mare și glisați într-o pungă mai mare, prevăzută cu o duză cu vârf în formă de stea.

Peste tot tortul flori. Am acoperit partea superioară cu flori și apoi sporadic cu flori pe margini.

Răciți-vă câteva minute și bucurați-vă!

51. Tort șifon cu nucă de cocos

INGREDIENTE:
- 6 ouă mari, separate
- 1 cană zahăr granulat
- 1/4 cană ulei vegetal
- 1/2 cană lapte de cocos
- 1 lingurita extract de vanilie
- 1 1/4 cani de faina de tort
- 1 lingurita praf de copt
- 1/4 lingurita sare
- 1 cană nucă de cocos mărunțită (îndulcit sau neîndulcit)

INSTRUCȚIUNI:
a) Preîncălziți cuptorul la 325°F (160°C). Ungeți și făinați o tavă de chiffon pentru tort.
b) Într-un castron mare, bateți gălbenușurile de ou cu zahărul până când sunt palide și cremoase. Adăugați ulei vegetal, lapte de cocos și extract de vanilie. Amesteca bine.
c) Cerne împreună făina de prăjitură, praful de copt și sarea. Adăugați treptat ingredientele uscate în amestecul de gălbenușuri de ou, amestecând până la omogenizare.
d) Se amestecă nuca de cocos mărunțită până se distribuie uniform.
e) Într-un castron curat separat, bate albușurile spumă. Adăugați treptat zahărul și continuați să bateți până se formează vârfuri tari.
f) Albusurile batute spuma in aluat se pliaza usor pana se incorporeaza complet.
g) Turnați aluatul în tava de chiffon pentru tort pregătită și neteziți partea superioară.
h) Coacem in cuptorul preincalzit 40-45 de minute sau pana cand o scobitoare introdusa in centru iese curata.
i) Odată copt, scoateți din cuptor și răsturnați imediat tava pe un grătar pentru a se răci complet.
j) După ce s-a răcit, scoatem cu grijă prăjitura din tavă și servim felii ornate cu fulgi de cocos prăjiți sau cu glazură de cocos.

52. Tort șifon cu fistic

INGREDIENTE:

- 6 ouă mari, separate
- 1 cană de zahăr granulat, împărțit
- 1/4 cană ulei vegetal
- 1/4 cană lapte
- 1 lingurita extract de vanilie
- 1 cană fistic măcinat fin
- 1 cană de făină de prăjitură
- 1 lingurita praf de copt
- 1/4 lingurita sare
- Colorant alimentar verde (optional)

INSTRUCȚIUNI:

a) Preîncălziți cuptorul la 325°F (160°C). Ungeți și făinați o tavă de chiffon pentru tort.
b) Într-un castron mare, bateți gălbenușurile de ou cu 1/2 cană de zahăr până când sunt palide și cremoase. Adăugați ulei vegetal, lapte și extract de vanilie. Amesteca bine.
c) Se amestecă fisticul măcinat fin.
d) Cerne împreună făina de prăjitură, praful de copt și sarea. Adăugați treptat ingredientele uscate în amestecul de gălbenușuri de ou, amestecând până la omogenizare. Adăugați colorant alimentar verde, dacă doriți, pentru o culoare vibrantă.
e) Într-un castron curat separat, bate albușurile spumă. Adăugați treptat 1/2 cană de zahăr rămasă și continuați să bateți până se formează vârfuri tari.
f) Albusurile batute spuma in aluat se pliaza usor pana se incorporeaza complet.
g) Turnați aluatul în tava de chiffon pentru tort pregătită și neteziți partea superioară.
h) Coacem in cuptorul preincalzit 40-45 de minute sau pana cand o scobitoare introdusa in centru iese curata.
i) Odată copt, scoateți din cuptor și răsturnați imediat tava pe un grătar pentru a se răci complet.
j) Odata racit, scoatem cu grija prajitura din tava si servim felii pudrate cu zahar pudra sau garnisite cu fistic tocat.

BUCĂTURI CONGELATE DE ȘIFON

53.Puf de șifon de cireșe

INGREDIENTE:
- 21 uncii umplutură de plăcintă cu cireșe; obișnuit sau ușor
- 14 uncii lapte condensat îndulcit; sau 8 uncii de iaurt simplu
- 8 uncii Cool Whip; obișnuit sau ușor
- 14 uncii Bucăți de ananas; drenat
- 1 cană de bezele miniaturale

INSTRUCȚIUNI:
a) Într-un castron mare, combinați umplutura de plăcintă cu cireșe, laptele condensat îndulcit (sau iaurt simplu) , Cool Whip, bucățile de ananas scurse și bezele în miniatură.
b) Îmbinați ușor ingredientele până se omogenizează bine.
c) Turnați amestecul într-un bol de servire.
d) Răciți desertul înainte de servire.

54.Tort cu gheață din șifon

INGREDIENTE:
- 2 pachete (4 porții) SAU 1 pachet (8 porții) de gelatină (aromă de zmeură neagră, portocală sau cireșe neagră)
- 2 căni de apă clocotită
- 1 litru de inghetata de vanilie
- 12 Ladyfingers, împărțite
- Topping bătut, fructe proaspete și frunze de mentă (pentru garnitură, dacă doriți)

INSTRUCȚIUNI:
a) Se dizolvă complet gelatina în apă clocotită.
b) Adauga in gelatina inghetata de vanilie cu linguri, amestecand pana se topeste complet.
c) Răciți amestecul până se îngroașă, dar este încă de lingurița (nu se fixează complet).
d) Între timp, tăiați aproximativ 1 inch de pe degete și așezați capetele tăiate în jos în jurul unei tavi cu arc de 8 inci. Asigurați-vă că părțile rotunjite ale degetelor sunt orientate spre exteriorul tigaii.
e) Turnați amestecul de gelatină îngroșat în tigaie.
f) Răciți desertul până la fermitate, aproximativ 3 ore.
g) Scoateți partea laterală a tăvii cu arc.
h) Decorați cu topping bătut, fructe proaspete și frunze de mentă, dacă doriți.

55. Înghețată de lime șifon

INGREDIENTE:
- ½ cană suc de lime proaspăt stors și strecurat (de la aproximativ 4 lime)
- 1 cană zahăr
- 16 uncii smântână
- 1-2 picaturi de colorant alimentar optional

GARNITURĂ OPȚIONALĂ:
- Zest de lime

INSTRUCȚIUNI:
a) Începeți prin a amesteca sucul de lămâie și zahărul până când zahărul se dizolvă complet.
b) Încorporați smântâna și colorantul alimentar opțional în amestecul de lime și zahăr. Bateți sau amestecați bine până se obține un amestec omogen și bine combinat . Alternativ, acest lucru se poate face folosind un robot de bucătărie pentru un plus de confort.
c) Urmați instrucțiunile aparatului de înghețată pentru procesarea amestecului. Odată procesată, transferați înghețata moale într-o tigaie, acoperiți-o și lăsați-o să se înghețe până ajunge la o consistență fermă.
d) Pentru a servi, ornați înghețata de lime chiffon cu coajă de lime opțională pentru o explozie suplimentară de aromă.

56. Lime Chiffon Semifreddo

INGREDIENTE:
- 4 albusuri mari
- 1 cană de zahăr pudră, cernut
- 1 ½ cani de frisca pentru frisca
- ½ cană smântână
- 2 linguri suc proaspăt de lămâie
- 2 lingurite coaja de lime rasa fin

INSTRUCȚIUNI:
a) Tapetați complet opt rame de 5 uncii cu folie de plastic, asigurându-vă că folia atârnă peste părțile laterale. Puneți ramekinele pe o tavă și congelați.
b) Albusurile se bat spuma. Adăugați ¼ de cană de zahăr pudră și continuați să bateți până când albusurile țin vârfuri tari.
c) Într-un alt bol, bate frișca până la un vârf moale. Reduceți viteza și adăugați restul de ¾ de cană de zahăr pudră, smântână, sucul de lămâie și coaja de lămâie.
d) Adăugați o lingură mare din amestecul de smântână la albușurile bătute spumă și amestecați ușor. Încorporați albușurile în smântână în două adaosuri.
e) Turnați amestecul în ramekins pregătiți, acoperiți și congelați timp de cel puțin patru ore.
f) Pentru a servi, întoarceți semifreddos-urile pe o farfurie și îndepărtați folia de plastic.

57.Sorbet de șifon cu lămâie

INGREDIENTE:
- 1 cană suc proaspăt de lămâie
- 1 lingura coaja de lamaie
- 1 cană zahăr granulat
- 1/2 cană apă
- 1 cană smântână groasă
- 3 albusuri mari
- Vârf de cuțit de sare

INSTRUCȚIUNI:
a) Într-o cratiță, combina zaharul, apa, sucul de lămâie și coaja de lămâie. Se încălzește la foc mediu, amestecând până când zaharul este complet dizolvat. Se ia de pe foc si se lasa sa se raceasca.
b) Într-un castron, bateți smântâna grea până se formează vârfuri tari. Pus deoparte.
c) Într-un alt castron curat, bate albușurile spumă cu un praf de sare până se formează vârfuri tari.
d) Incorporati usor frisca in amestecul de lamaie pana se omogenizeaza bine.
e) Incorporati apoi albusurile batute spuma pana nu raman dungi.
f) Turnați amestecul într-un recipient sigur pentru congelator, acoperiți și congelați timp de cel puțin 6 ore sau până când este ferm.
g) Serviți sorbetul de șifon de lămâie scos în boluri sau conuri, ornat cu felii de lămâie proaspătă sau frunze de mentă, dacă doriți.

58. Iaurt înghețat din șifon cu zmeură

INGREDIENTE:
- 2 căni de zmeură proaspătă sau congelată
- 1/2 cană zahăr granulat
- 2 cani de iaurt grecesc
- 1 cană smântână groasă
- 3 albusuri mari
- Vârf de cuțit de sare

INSTRUCȚIUNI:
a) Intr-un blender sau robot de bucatarie, pasa zmeura piure pana se omogenizeaza. Strecurați piureul printr-o sită cu ochiuri fine pentru a îndepărta semințele.
b) Într-un castron, amestecați piureul de zmeură și zahărul până când zahărul se dizolvă.
c) Într-un alt castron, bateți smântâna grea până se formează vârfuri tari. Pus deoparte.
d) Într-un castron curat, bate albușurile spumă cu un praf de sare până se formează vârfuri tari.
e) Îndoiți ușor iaurtul grecesc în amestecul de zmeură până se combină bine.
f) Incorporati apoi frisca pana nu raman dungi.
g) La sfarsit, adaugam albusurile batute spuma pana se distribuie uniform.
h) Turnați amestecul într-un recipient sigur pentru congelator, acoperiți și congelați timp de cel puțin 6 ore sau până când este ferm.
i) Serviți iaurtul înghețat de șifon de zmeură scos în boluri sau conuri, ornat cu zmeură proaspătă sau un strop de sos de zmeură, dacă doriți.

59. Popsicles din șifon de mango

INGREDIENTE:
- 2 căni bucăți de mango coapte
- 1/2 cană zahăr granulat
- 1 cană smântână groasă
- 1/2 cană iaurt grecesc
- 2 linguri suc proaspăt de lămâie
- Vârf de cuțit de sare

INSTRUCȚIUNI:
a) Într-un blender sau robot de bucătărie, pasează bucățile de mango până la omogenizare.
b) Într-un castron, combinați piureul de mango, zahărul, smântâna groasă, iaurtul grecesc, sucul de lămâie și un praf de sare. Se amestecă până se combină bine.
c) Turnați amestecul în forme pentru popsicle , lăsând puțin spațiu în partea de sus pentru expansiune.
d) Introduceți bețișoare de popsicle în forme și congelați cel puțin 4 ore sau până când sunt complet ferme.
e) Pentru a desface paletele, treceți scurt cu apă caldă peste exteriorul formelor pentru a le slăbi.
f) Serviți imediat paletele de șifon de mango și bucurați-vă de aroma tropicală răcoritoare!

60. Plăcintă cu gheață din șifon cu căpșuni

INGREDIENTE:
- 1 crustă de biscuit Graham pre-preparată (sau de casă, dacă se preferă)
- 2 cani de capsuni proaspete, decojite si feliate
- 1/4 cană zahăr granulat
- 1 lingura suc de lamaie
- 1 cană smântână groasă
- 1/2 cană zahăr pudră
- 1 lingurita extract de vanilie

INSTRUCȚIUNI:

a) Într-un castron, combinați căpșunile feliate, zahărul granulat și sucul de lămâie. Lăsați-le să stea aproximativ 10 minute pentru a-și elibera sucurile.

b) Într-un castron separat, bateți smântâna tare cu zahăr pudră și extract de vanilie până se formează vârfuri tari.

c) Îndoiți ușor amestecul de căpșuni în frișcă până se distribuie uniform.

d) Turnați amestecul în crusta de biscuit Graham pregătită, răspândindu-l uniform.

e) Acoperiți plăcinta cu folie de plastic și congelați timp de cel puțin 4 ore sau până când se întărește.

f) Înainte de servire, lăsați plăcinta să stea câteva minute la temperatura camerei pentru a se înmoaie ușor.

g) Tăiați și serviți plăcinta cu gheață și chiffon cu căpșuni, răcită, ornata cu căpșuni feliate suplimentare, dacă doriți.

61.Cremă congelată din șifon cu afine

INGREDIENTE:
- 2 căni de afine proaspete sau congelate
- 1/2 cană zahăr granulat
- 1 cană smântână groasă
- 1 cană lapte integral
- 4 gălbenușuri mari
- 1 lingurita extract de vanilie
- Vârf de cuțit de sare

INSTRUCȚIUNI:
a) Într-o cratiță, combina afinele și zahărul. Se fierbe la foc mediu până când afinele se descompun și își eliberează sucul, aproximativ 5-7 minute. Se ia de pe foc si se lasa sa se raceasca putin.
b) Într-o cratiță separată, încălziți smântâna groasă și laptele până când se aburește, dar nu fierbe.
c) Într-un castron, bateți gălbenușurile până se omogenizează. Turnați încet amestecul de smântână fierbinte în gălbenușurile de ou, amestecând continuu pentru a tempera ouăle.
d) Întoarceți amestecul în cratiță și gătiți la foc mic, amestecând constant, până când crema se îngroașă suficient pentru a acoperi spatele unei linguri.
e) Se ia de pe foc și se strecoară crema printr-o sită cu ochiuri fine într-un castron curat. Se amestecă extractul de vanilie și un praf de sare.
f) Lăsați crema să se răcească ușor, apoi adăugați amestecul de afine fierte până se distribuie uniform.
g) Se toarnă amestecul într-un aparat de înghețată și se amestecă conform instrucțiunilor producătorului până devine groasă și cremoasă.
h) Transferați crema congelată într-un recipient sigur pentru congelator, acoperiți și congelați timp de cel puțin 4 ore sau până când este fermă.
i) Servește crema congelată de șifon de afine, scoasă în boluri sau conuri și bucură-te de deliciul cremos și fructat!

62. Sandvișuri cu înghețată și șifon cu nucă de cocos

INGREDIENTE:
- 1 lot de tort chiffon cu nucă de cocos (folosește orice rețetă de tort chiffon, înlocuind laptele obișnuit cu lapte de cocos și adăugând nucă de cocos mărunțită)
- 2 cani de inghetata de vanilie, inmuiata
- Nucă de cocos mărunțită, prăjită (opțional, pentru garnitură)

INSTRUCȚIUNI:
a) Pregătește prăjitura șifon cu nucă de cocos conform rețetei alese. Se lasa sa se raceasca complet.
b) Odată ce tortul s-a răcit, folosiți o tăietură rotundă pentru prăjitură pentru a tăia cercuri de tort.
c) Pune o lingură de înghețată de vanilie moale pe partea de jos a unui cerc de tort. Acoperiți cu un alt cerc de tort pentru a forma un sandviș.
d) Rulați marginile sandvișului cu înghețată în nucă de cocos mărunțită prăjită, dacă doriți.
e) Repetați cu cercurile de tort rămase și cu înghețata.
f) Așezați sandvișurile cu înghețată asamblate pe o foaie de copt tapetată cu hârtie de copt și lăsați-le la congelator pentru cel puțin 2 ore sau până când se întăresc.
g) Serviți sandvișurile cu înghețată și chiffon de nucă de cocos răcite și bucurați-vă de combinația încântătoare de prăjitură pufoasă și înghețată cremoasă!

63.Popsicles din șifon cu piersici

INGREDIENTE:
- 2 cani de piersici coapte, curatate de coaja si taiate cubulete
- 1/4 cană zahăr granulat
- 1 cană iaurt grecesc
- 1/2 cană smântână groasă
- 1 lingura suc de lamaie

INSTRUCȚIUNI:

a) Intr-un blender sau robot de bucatarie, pasa piersicile taiate cubulete pana se omogenizeaza.

b) Într-un castron, combinați piureul de piersici, zahărul, iaurtul grecesc, smântâna groasă și sucul de lămâie. Se amestecă până se combină bine.

c) Turnați amestecul în forme pentru popsicle, lăsând puțin spațiu în partea de sus pentru expansiune.

d) Introduceți bețișoare de popsicle în forme și congelați cel puțin 4 ore sau până când sunt complet ferme.

e) Pentru a desface paletele, treceți scurt cu apă caldă peste exteriorul formelor pentru a le slăbi.

f) Servește imediat paletele de șifon cu piersici și bucură-te de aroma de fructe răcoritoare!

TARTE

64. Tartă din șifon cu lime

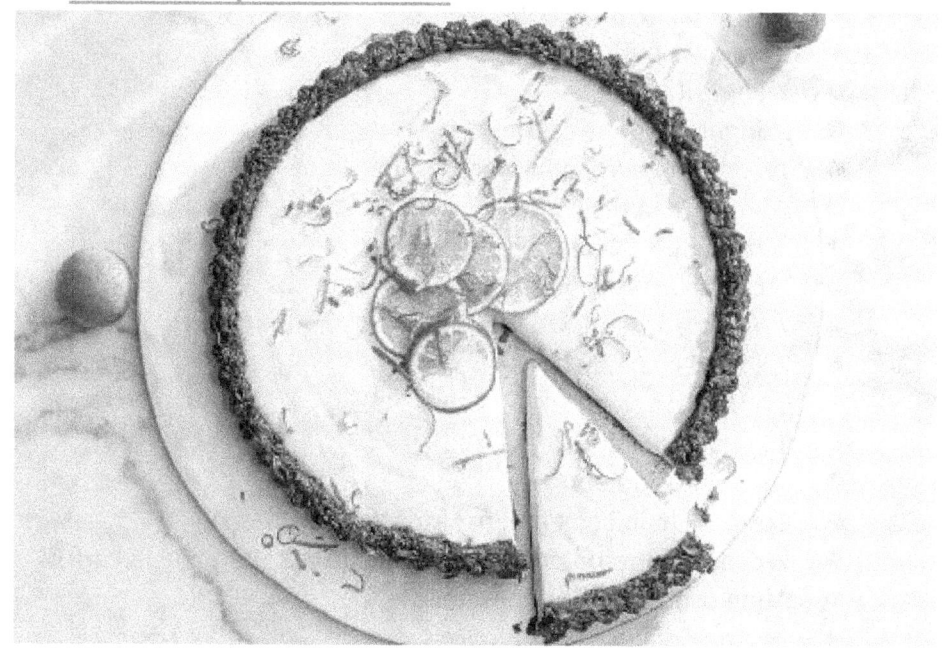

INGREDIENTE:
- 1 cană făină universală
- 1 lingură coajă de lămâie rasă
- ¼ lingurita Sare
- 5 linguri de unt nesarat
- 1½ linguri gelatina fara aroma
- 2 linguri apă rece
- ½ cană plus 1 lingură de zahăr
- ¼ cană suc proaspăt de lămâie
- 2 oua mari, separate, temperatura camerei.
- 2 linguri coajă de lămâie rasă
- 3 linguri de zahăr
- 1 lingură apă cu gheață
- 1 galbenus de ou
- Coș de 1 halbă cu afine proaspete
- ½ cană smântână pentru frișcă răcită, bătută până la vârfuri
- Afine proaspete suplimentare
- Julienne de coajă de lămâie

INSTRUCȚIUNI:
CRUSTĂ:
a) Se amestecă făina, coaja de lămâie și sarea într-un castron mare. Adăugați untul și tăiați până când amestecul seamănă cu o masă grosieră.

b) Se amestecă zahărul, apa și gălbenușul într-o ceașcă mică până când zahărul se dizolvă. Se adaugă la amestecul de făină și se amestecă până când aluatul începe să se îmbine.

c) Întoarceți aluatul pe o suprafață ușor înfăinată. Adunați-vă într-o minge; turtiți într-un disc. Înveliți în plastic și dați la frigider pentru cel puțin 1 oră. (Poate fi pregătit cu 1 zi înainte.)

d) Preîncălziți cuptorul la 400°F. Întindeți aluatul pe o suprafață ușor făinată până la o grosime de ⅛ inch. Transferați aluatul într-o tavă de tartă cu diametrul de 9 inci, cu fund detașabil. Tăiați marginile, lăsând o proeminență de ¼ inch. Apăsați consolă cu ¼ inch deasupra marginii tigaii.

e) Tapetați tarta cu folie. Umpleți cu fasole uscată sau cu greutăți pentru plăcintă. Coaceți timp de 10 minute. Scoateți fasolea uscată și folia și coaceți până când crusta devine maro aurie, aproximativ 20 de minute. Misto.

UMPLERE:

f) Presara gelatina peste apa rece intr-un castron mic. Lăsați să stea 15 minute pentru a se înmoaie.

g) Pune vasul într-o cratiță cu apă clocotită și amestecă până când gelatina se dizolvă. Scoateți din apă.

h) Amestecați ½ cană de zahăr, sucul de lămâie, gălbenușurile și 2 linguri de coajă de lămâie în partea de sus a unui boiler peste apă fierbinte până când este fierbinte la atingere, aproximativ 3 minute; nu fierbe.

i) Adăugați amestecul de gelatină și amestecați pentru a omogeniza. Transferați într-un castron.

j) Pune vasul peste un vas mai mare umplut cu gheață și apă și amesteci până când amestecul se îngroașă și începe să se înmulțească pe lingură, aproximativ 5 minute.

k) Scoateți de peste apă. Folosind un mixer electric, bate albusurile într-un castron mediu până când începe să atingă vârful. Adăugați treptat restul de 1 lingură de zahăr și bateți până la vârfuri moi. Îndoiți albusurile în amestecul de lime.

l) Presărați 1 litri de fructe de pădure peste fundul tartei. Se pune imediat umplutura peste fructe de padure, acoperindu-le complet. Se da la rece până se întărește, cel puțin 3 și până la 8 ore.

m) Puneti frisca intr-o punga de patiserie prevazuta cu varf mediu stea. Puneți decorativ crema în jurul marginii tartei.

n) Ornați tarta cu fructe de pădure suplimentare și julien cu coajă de lămâie.

65. Tartă cu șifon cu banane

INGREDIENTE:
PENTRU BAZĂ:
- 3 uncii de unt
- 6 uncii de biscuiți cu ghimbir, zdrobiți

PENTRU UMPLURE ȘI GARNIERE:
- Coaja rasa si zeama de la 1 lamaie
- 2 lingurite gelatina
- 3 banane, piure
- 12 uncii smântână pentru frișcă
- 2 uncii de zahăr tos

INSTRUCȚIUNI:

a) Preîncălziți cuptorul la 190 C/375 F/gaz 5. Topiți untul într-o cratiță la foc mic. Se ia de pe foc si se amesteca pesmetul de biscuiti pana se omogenizeaza bine.

b) Apăsați amestecul de biscuiți pe baza și pe părțile laterale ale unui vas de plăcintă de 23 cm (9 inchi). Coaceți timp de 8 minute, apoi lăsați-l să se răcească complet.

c) Într-o cratiță mică, amestecați sucul de lămâie cu 1 lingură de apă rece. Se presara gelatina peste amestec si se lasa sa se absoarba. Se încălzește ușor până când este limpede, apoi se ia de pe foc.

d) Combinați piureul de banane și coaja de lămâie. Adăugați amestecul de gelatină și amestecați bine.

e) Bateți 7 uncii de smântână până se formează vârfuri moi. Încorporați treptat zahărul tos până se încorporează complet.

f) Îndoiți amestecul de smântână în amestecul de banane și turnați peste crusta de biscuiți. Răciți timp de 30 de minute sau până când se fixează.

g) Pentru decor, bateți smântana rămasă până se formează vârfuri moi și întindeți-o peste tartă.

66. Tartă din șifon cu dovleac

INGREDIENTE:
PENTRU COCHILA DE TARTA:
- 1 coajă de tartă precoaptă de 9 inchi (consultați rețeta noastră de aluat dulce)

PENTRU UMPLUREA DE ȘIFON DE DOVLEAC:
- 300 de grame de piure de dovleac (nu folosiți umplutură de plăcintă cu dovleac) (1 ¼ cană)
- 150 de grame de zahăr brun deschis (¾ cană)
- 4 gălbenușuri mari (se păstrează albușurile pentru mai târziu)
- 4 uncii lichide de lapte integral (½ cană)
- ½ lingurita Sare
- 1 lingurita scortisoara macinata
- ¼ linguriță de ghimbir măcinat
- ¼ linguriță de nucșoară măcinată
- 1 lingură gelatină pudră
- 3 linguri de apa rece (pentru dizolvarea gelatinei)
- 4 albusuri mari (de preferinta la temperatura camerei)
- 100 de grame de zahăr granulat (½ cană)

INSTRUCȚIUNI:
a) Se presara gelatina pudra peste apa rece si se lasa deoparte pentru a permite gelatina sa se fixeze.

b) Într-un castron rezistent la căldură, combinați piureul de dovleac, zahărul brun, laptele, gălbenușurile de ou, sarea, scorțișoara, ghimbirul și nucșoara. Se bate bine pentru a combina.

c) Puneți o oală cu apă să se aburească la foc mic. Așezați vasul deasupra vasului cu apă aburindă, asigurându-vă că fundul vasului nu atinge apa și apa nu fierbe. Amestecați amestecul de dovleac din când în când și încălziți până ajunge la 160 ° F - 180 ° F.

d) Adăugați gelatina setat în bol și amestecați până când gelatina se topește complet. Se ia vasul de pe foc si se lasa deoparte sa se raceasca putin.

e) Puneți albușurile într-un castron curat și începeți să amestecați cu un mixer manual sau cu un mixer pe suport cu accesoriul pentru tel. Se amestecă la viteză medie până când albușurile devin spumoase. Se toarnă încet zahăr granulat în timp ce continuăm să amesteci până când albușurile ating vârfuri medii.

f) Albusurile se pliaza usor in amestecul de dovleac racit.
g) Turnați șifonul de dovleac în coaja de tartă precoaptă, netezind blatul.
h) Pune tarta la frigider pana se fixeaza (aproximativ 2 ore).
i) Se decorează după dorință (de exemplu, frișcă, zahăr pudră etc.). Bucurați-vă!

67. Tartă din șifon cu fructe ale pasiunii

INGREDIENTE:
ALUAT:
- 1 cană/140 g făină nealbită
- 3 linguri de zahar
- ¼ linguriță sare de mare fină
- 6 linguri/85 g unt rece, nesarat, tăiat în cuburi de ½-in/12 mm
- 1 galbenus de ou mare

UMPLERE:
- ½ cană/120 ml piure de fructe de pasiune congelat decongelat (maracuya sau parcha).
- 2 lingurite gelatina fara aroma
- 2 oua mari, separate, la temperatura camerei
- ⅓ cană/65 g zahăr
- ½ cană/120 ml smântână groasă

SOS:
- ⅔ cană de piure de fructe de pasiune dezghețat congelat sau cu semințe proaspete
- 3 linguri de zahar, sau mai mult dupa gust
- 1 lingurita amidon de porumb
- 1 lingură lichior de fructul pasiunii sau rom ambră
- 1 reteta Frisca

INSTRUCȚIUNI:
a) Preîncălziți cuptorul la 375ºF/190ºC și poziționați un grătar în centru.

CRUSTĂ:

b) Pulsați făină, zahăr și sare într-un robot de bucătărie sau amestecați într-un castron. Adăugați unt rece și pulsați până seamănă cu o masă grosieră.

c) Adăugați gălbenușul de ou și pulsați sau amestecați până când aluatul se adună. Presați aluatul într-o tavă de tartă de 9 inchi/23 cm cu fund detașabil, asigurând o grosime uniformă. Strange aluatul cu o furculita. Congelați timp de 15 minute.

d) Tapetați aluatul cu folie de aluminiu, umpleți cu greutăți de plăcintă sau fasole uscată și coaceți până când se întărește și începe să se rumenească (aproximativ 15 minute). Scoateți folia și greutățile, apoi continuați coacerea până se rumenesc ușor (încă 15 minute). Lăsați crusta să se răcească complet pe un grătar.

UMPLERE:

e) Într-o cratiță mică, combinați piureul de fructul pasiunii și presărați gelatină deasupra. Se lasa sa stea pana se inmoaie gelatina (aproximativ 5 minute). Gatiti la foc mic, amestecand continuu, pana cand este fierbinte, dar nu fierbe si gelatina se dizolva. Se ia de pe foc.

f) Bateți gălbenușurile de ou și zahărul până când sunt galben pal și gros. Amestecați amestecul de gelatină fierbinte. Se răcește în apă cu gheață până se îngroașă ușor (aproximativ 5 minute). Scoateți din apă cu gheață.

g) Bate albusurile spuma pana se formeaza varfuri moi. Combinați ușor cu amestecul de fructul pasiunii. Bateți smântâna până se formează vârfuri tari, apoi amestecați în amestecul de fructul pasiunii. Întindeți umplutura în coaja de tartă răcită. Dă la frigider până se întărește (cel puțin 2 ore sau până la 24 de ore).

SOS:

h) Fierbeți piureul de fructe ale pasiunii și zahărul într-o cratiță. Gust pentru dulceata. Se dizolvă amidonul de porumb în lichior și se amestecă în piure. Se fierbe până se îngroașă. Răciți și lăsați la frigider până se răcește (cel puțin 2 ore sau până la 1 zi).

i) Transferați frișca într-o pungă de patiserie cu un vârf canelat de ½ in/12 mm. Puneți crema în jurul marginilor tartei. Scoateți părțile laterale ale tavii de tartă, feliați și serviți cu sos. Bucurați-vă!

68. Tarte cu cartofi dulci din chiffon

INGREDIENTE:
PENTRU CRASTĂ:
- 8 uncii de făină universală
- 2 uncii de zahăr pudră/cofetar
- Putina sare
- 4 uncii unt răcit, tăiat în cuburi de ½ inch
- ½ uncie scurtare
- 1 ou mare, bătut ușor
- ¼ lingurita extract de vanilie

PENTRU UMPLUTURA:
- 1 plic sau 1 lingura gelatina
- ½ cană zahăr brun
- ½ lingurita sare
- ½ lingurita de scortisoara
- ½ lingurita nucsoara
- ½ lingurita de ghimbir
- 1 ¼ cană piure de cartofi dulci, la microunde
- 3 galbenusuri de ou
- ½ cană lapte

INSTRUCȚIUNI:
PENTRU CRASTĂ:
a) Într-un robot de bucătărie, amestecați făina universală, zahărul pudră și sare.
b) Adăugați untul răcit cubulețe și scurtarea. Pulsați până se obține o textură fină asemănătoare pesmetului.
c) Combinați extractul de vanilie cu oul bătut, apoi adăugați-l în amestecul de făină cu procesorul în funcțiune. Opriți imediat ce aluatul este format ; evitați amestecarea excesivă.
d) Scoateți aluatul, înfășurați-l cu folie de plastic și lăsați-l la frigider pentru cel puțin 30 de minute. Împărțiți în bile mici care se potrivesc cu forme de tarte, apoi presați aluatul în forme pentru a face tartele.
e) Acoperiți aluatul cu o furculiță. Acoperiți tartelele cu folie de aluminiu și cântăriți-le cu greutăți de plăcintă sau fasole. Coaceți într-un cuptor preîncălzit la 375°F timp de 10 minute.

f) Scoatem din cuptor, scoatem greutatile si folia, iar tartelele se pun la loc pentru a se rumeni pentru inca 5 - 8 minute.

PENTRU UMPLUTURA:

g) Infloreste gelatina cu 2 linguri de apa.
h) dizolvă zahărul . Luați de pe foc și adăugați gălbenușurile, amestecând bine.
i) Adăugați gelatina și gătiți până se dizolvă , iar aluatul se îngroașă. Opriți focul și adăugați piureul de cartofi dulci.
j) Puneți umplutura într-o pungă cu vârf stea mare și puneți-o pe tartalele coapte.
k) Se presară migdale feliate zdrobite.
l) Bucurați-vă de aceste tarte delicioase cu cartofi dulci Chiffon cu amestecul lor perfect de crustă fulgioasă și umplutură condimentată de cartofi dulci!

69. Tartă din șifon cu caise

INGREDIENTE:
PENTRU CRASTĂ:
- 5 uncii prăjituri scurte, rupte (de exemplu, Walkers)
- ⅔ cană migdale crude întregi
- ¼ cană zahăr
- ½ lingurita sare grunjoasa
- 4 linguri de unt nesarat, topit

PENTRU UMPLUTURA:
- 1 ¾ de kilograme de caise proaspete (aproximativ 10), fără sâmburi și tăiate în sferturi
- ¾ cană apă plus ⅓ cană apă rece
- 1 ½ cană de zahăr
- ½ lingurita sare grunjoasa
- 2 plicuri (4 ½ lingurițe mici) de gelatină pudră fără aromă
- 5 ouă mari, separate
- Migdale crude, tocate, pentru ornat

INSTRUCȚIUNI:
PENTRU CRASTĂ:
a) Preîncălziți cuptorul la 350°F.
b) Pulsați fursecurile într-un robot de bucătărie până se formează firimituri (aproximativ 1 cană).
c) Adăugați migdale, zahăr și sare în procesor; procesați până când migdalele sunt măcinate fin.
d) Adăugați untul topit și procesați până când amestecul se menține împreună.
e) Apăsați amestecul uniform în partea de jos și în sus pe părțile laterale ale unei tăvi de tartă canelate de 9 inci, cu fund detașabil.
f) Dă la frigider până se întărește, aproximativ 15 minute.
g) Coaceți până se rumenesc, 17 până la 20 de minute.
h) Transferați pe un grătar și lăsați-l să se răcească.

PENTRU UMPLUTURA:
i) Într-o cratiță, puneți la fiert caise, ¾ de cană de apă, ¾ de cană de zahăr și sare. Acoperiți, reduceți focul și fierbeți până când caisele sunt foarte moi, aproximativ 10 minute. Se ia de pe foc si se lasa sa se raceasca 20 de minute.

j) Faceți piure de caise și lichid într-un blender. Se strecoară printr-o sită fină într-un castron (ar trebui să aveți 3 căni de piure; rezervați ½ cană).
k) Într-un castron mic, presară gelatină peste ⅓ cană de apă rece rămasă și lasă-o să stea până se înmoaie, aproximativ 5 minute.
l) Încinge 2 ½ căni de piure de caise într-o cratiță medie la foc mediu-mare. Bateți gelatina înmuiată în piure și amestecați până când gelatina se dizolvă.
m) Pregătiți o baie cu apă cu gheață. Într-un castron mediu, amestecați gălbenușurile de ou și ½ cană de zahăr. Se amestecă o treime din amestecul de caise-gelatină, apoi se toarnă înapoi în tigaie.
n) Gatiti la foc mediu-mare, amestecand constant, pana se ingroasa, 2-3 minute. Se toarnă printr-o sită într-un vas așezat în baia de apă cu gheață. Bateți până când abia începe să se geleze, aproximativ 5 minute.
o) Într-un castron separat, bate albușurile până se formează vârfuri moi. Adăugați treptat restul de ¼ de cană de zahăr și amestecați până se formează vârfuri tari, aproximativ 2 minute.
p) Bateți o treime din albusuri în amestecul de caise-gelatină. Incorporati usor albusurile ramase.
q) Lăsați-l să se răcească, amestecând, până când amestecul este suficient de gros încât să se înmulțească, 3 până la 5 minute.
r) Cu lingura în crustă (se va îngrămădi mult).
s) Dați plăcinta la frigider pentru 2 ore sau până la 1 zi.
t) Înainte de servire, stropiți deasupra ½ cană de piure de caise rezervat și presărați nuci tocate.

70.Tartă cu șifon cu zmeură

INGREDIENTE:
- 1 crusta de tarta prefabricata (cumparata din magazin sau de casa)
- 2 cani de zmeura proaspata
- 1/4 cană zahăr granulat
- 1 lingura suc de lamaie
- 1 plic gelatina fara aroma
- 1/4 cană apă rece
- 1 cană smântână groasă
- 1/4 cană zahăr pudră
- Zmeura proaspata, pentru decor

INSTRUCȚIUNI:
a) Pregătiți crusta de tartă conform instrucțiunilor de pe ambalaj sau rețetei alese. Se lasa sa se raceasca complet.
b) Într-o cratiță, combinați zmeura proaspătă, zahărul granulat și sucul de lămâie. Se fierbe la foc mediu până când zmeura se descompun și își eliberează sucul, aproximativ 5-7 minute. Se ia de pe foc si se lasa sa se raceasca putin.
c) Într-un castron mic, stropiți gelatina peste apă rece și lăsați-o să stea aproximativ 5 minute să se înmoaie.
d) Odată ce amestecul de zmeură s-a răcit ușor, se strecoară printr-o sită cu ochiuri fine pentru a îndepărta semințele, apăsând în jos pentru a extrage cât mai mult lichid.
e) Reveniți lichidul de zmeură strecurat în cratiță. Se încălzește la foc mic până se încălzește, dar nu dă în clocot. Adăugați gelatina înmuiată și amestecați până se dizolvă complet. Se ia de pe foc si se lasa sa se raceasca la temperatura camerei.
f) Într-un castron, bate smântâna tare cu zahăr pudră până se formează vârfuri tari.
g) Îndoiți ușor amestecul de zmeură răcit în frișcă până se combină bine.
h) Turnați umplutura de șifon de zmeură în crusta de tartă răcită, întinzând-o uniform.
i) Dă tarta la frigider pentru cel puțin 4 ore sau până când se fixează.
j) Inainte de servire, orneaza tarta cu zmeura proaspata. Tăiați și serviți rece.

71. Tartă cu șifon cu nucă de cocos

INGREDIENTE:
- 1 crusta de tarta prefabricata (cumparata din magazin sau de casa)
- 1 cană nucă de cocos măruntită îndulcită, prăjită
- 1 cană lapte de cocos
- 1/2 cană zahăr granulat
- 1 plic gelatina fara aroma
- 1/4 cană apă rece
- 1 cană smântână groasă
- 1/4 cană zahăr pudră
- Fulgi de cocos prajiti, pentru garnitura

INSTRUCȚIUNI:
a) Pregătiți crusta de tartă conform instrucțiunilor de pe ambalaj sau rețetei alese. Se lasa sa se raceasca complet.
b) Întindeți uniform nuca de cocos măruntită prăjită pe fundul crustei de tartă răcită.
c) Într-o cratiță, încălziți laptele de cocos și zahărul granulat la foc mediu până când zahărul se dizolvă și amestecul este cald, dar nu fierbe.
d) Într-un castron mic, stropiți gelatina peste apă rece și lăsați-o să stea aproximativ 5 minute să se înmoaie.
e) Odată ce amestecul de lapte de cocos este cald, adăugați gelatina înmuiată și amestecați până se dizolvă complet. Se ia de pe foc si se lasa sa se raceasca la temperatura camerei.
f) Într-un castron, bate smântana tare cu zahăr pudră până se formează vârfuri tari.
g) Îndoiți ușor amestecul de lapte de cocos răcit în frișcă până se combină bine.
h) Turnați umplutura de șifon de nucă de cocos în crusta de tartă răcită, întinzând-o uniform.
i) Dă tarta la frigider pentru cel puțin 4 ore sau până când se fixează.
j) Înainte de servire, ornează tarta cu fulgi de cocos prăjiți. Tăiați și serviți rece.

72. Tartă de șifon cu fructe de padure amestecate

INGREDIENTE:
- 1 crusta de tarta prefabricata (cumparata din magazin sau de casa)
- 2 căni de fructe de pădure proaspete amestecate (cum ar fi căpșuni, afine și mure)
- 1/4 cană zahăr granulat
- 1 lingura suc de lamaie
- 1 plic gelatina fara aroma
- 1/4 cană apă rece
- 1 cană smântână groasă
- 1/4 cană zahăr pudră
- Frunze de menta proaspata, pentru decor

INSTRUCȚIUNI:
a) Pregătiți crusta de tartă conform instrucțiunilor de pe ambalaj sau rețetei alese. Se lasa sa se raceasca complet.
b) Într-o cratiță, amestecați fructele de pădure, zahărul granulat și sucul de lămâie. Se fierbe la foc mediu până când boabele se înmoaie și își eliberează sucul, aproximativ 5-7 minute. Se ia de pe foc si se lasa sa se raceasca putin.
c) Într-un castron mic, stropiți gelatina peste apă rece și lăsați-o să stea aproximativ 5 minute să se înmoaie.
d) Odată ce amestecul de fructe de pădure s-a răcit ușor, strecurați-l printr-o sită cu ochiuri fine pentru a îndepărta eventualele semințe.
e) Întoarceți lichidul de fructe de pădure strecurat în cratiță. Se încălzește la foc mic până se încălzește, dar nu dă în clocot. Adăugați gelatina înmuiată și amestecați până se dizolvă complet. Se ia de pe foc si se lasa sa se raceasca la temperatura camerei.
f) Într-un castron, bate smântâna tare cu zahăr pudră până se formează vârfuri tari.
g) Îndoiți ușor amestecul de fructe de pădure răcit în frișcă până se combină bine.
h) Turnați umplutura de șifon de fructe de pădure amestecate în crusta de tartă răcită, răspândind-o uniform.
i) Dă tarta la frigider pentru cel puțin 4 ore sau până când se fixează.
j) Inainte de servire, orneaza tarta cu frunze de menta proaspata. Tăiați și serviți rece.

DESERTURI STRATIFICATE

73. Ghivece de șifon de ciocolată

INGREDIENTE:
- 1½ cani de lapte degresat
- 2 plicuri de gelatină nearomatizată
- 3 linguri cacao neindulcita
- 2 linguri zahăr granulat
- Câteva boabe de sare
- 2 lingurite extract de vanilie
- 1 cană cuburi de gheață (6 până la 8)
- 4 lingurițe așchii de ciocolată semidulce

INSTRUCȚIUNI:
a) Pune laptele într-o cratiță de dimensiune medie. Adăugați gelatină, cacao, zahăr și sare. Se amestecă la foc moderat până când gelatina este complet dizolvată .

b) Scoateți cratita de pe foc; adăugați vanilia și amestecați vioi cu o furculiță sau un tel de sârmă pentru a amesteca bine ingredientele.

c) Turnați amestecul într-un blender. Adăugați cuburi de gheață, acoperiți și amestecați la viteză medie până când cuburile de gheață se dizolvă.

d) Descoperiți, amestecați o dată cu o spatulă de cauciuc și lăsați amestecul să stea 2-3 minute să se gelifice.

e) Turnați amestecul de șifon de ciocolată în 4 feluri de desert sau pahare de parfait.

f) Acoperiți fiecare porție cu 1 linguriță de așchii de ciocolată semidulce.

g) Bucurati-vă de ghivecele de șifon de ciocolată încântătoare și răcite!

74. Budincă de șifon cu lămâie

INGREDIENTE:
- 1 cană de zahăr
- 3 linguri de unt
- 4 linguri Faina
- ¼ lingurita Sare
- ¼ cană suc de lămâie
- ½ Lămâie, coajă rasă
- 1 cană de lapte
- 3 ouă, separate

INSTRUCȚIUNI:
a) Combinați zahărul, făina, sarea și untul.
b) Adaugam zeama de lamaie si coaja rasa, apoi adaugam galbenusurile batute. Bateți până când ingredientele sunt bine amestecate.
c) Adăugați lapte și amestecați în amestec.
d) Incorporati albusurile batute spuma.
e) Turnați amestecul într-o tavă unsă cu unt și puneți-l într-o tavă cu apă fierbinte.
f) Coaceți la 350 ° F timp de 45 de minute.
g) Serviți cald.

75.Fleac șifon de mango și lime

INGREDIENTE:
- 4 gălbenușuri de ou
- 2 lingurite gelatina pudra
- 2 lingurite coaja de lime rasa fin
- ½ cană suc de lămâie
- ⅔ cană zahăr tos
- 3 albusuri
- 2 mango medii, feliate subțiri
- ½ x 460 g pandispan rotund dublu neumplut, taiat in bucati de 2 cm (vezi nota)
- 300 ml smantana ingrosata, batuta

INSTRUCȚIUNI:
PREGĂTIȚI AMESTECUL DE ȘIFON DE LIM
a) Combinați gălbenușurile de ou, gelatina, coaja de lămâie, ⅓ cană suc de lămâie și jumătate din zahăr într-un castron mediu rezistent la căldură.
b) Pune vasul peste o cratiță medie cu apă clocotită.
c) Bateți amestecul la căldură timp de 2 până la 3 minute sau până se îngroașă.
d) Scoateți vasul de pe foc și lăsați-l să se răcească.

PREGĂTI MERINGUE
e) Folosind un mixer electric, bate albusurile spuma intr-un castron pana se formeaza varfuri moi.
f) Adăugați treptat zahărul rămas, batând până când zahărul se dizolvă după fiecare adăugare.
g) Îndoiți bezeaua în amestecul de lime, în două reprize.

ASSAMBLAȚI FELEACUL
h) Amestecați sau procesați ⅓ din mango până la omogenizare. Dați la frigider până când este necesar.
i) Aranjați tortul în baza unui bol de servire din sticlă cu o capacitate de 2 litri (8 căni).
j) zeama de lămâie rămasă.
k) Acoperiți cu restul de mango feliat.
l) Întindeți amestecul de șifon de lime peste mango.
m) Dați la frigider timp de 3 ore sau peste noapte, dacă timpul ne permite.
n) Acoperiți fleacul cu frișcă și stropiți cu piure de mango.
o) Serviți și bucurați-vă de acest delicios fleac din șifon de mango și lime.

76. Parfaituri de cheesecake cu șifon și căpșuni

INGREDIENTE:
PENTRU UMPLUTURA:
- 1 ¼ linguriță gelatină fără aromă (jumătate de pachet)
- ⅔ cană suc de ananas
- Pachet de 8 uncii de brânză cremă fără grăsimi, înmuiată la temperatura camerei SAU iaurt strecurat timp de 24 de ore
- 42 de grame de căpșuni liofilizate (aproximativ 1 cană), măcinate într-o pulbere
- 4 linguri de zahăr granulat
- 2 ouă mari, separate
- ¼ linguriță de sare Kosher

PENTRU CRASTĂ:
- 20 biscuiți Graham (5 foi), procesați în firimituri
- 1 lingura de zahar brun
- 1 lingura de unt, topit
- 2 vârfuri de sare Kosher

INSTRUCȚIUNI:
PENTRU CRASTĂ DE CRACKER GRAHAM:
a) Combinați firimiturile de biscuiți Graham, zahărul și untul topit. Se amestecă bine pentru a se combina și se păstrează într-un recipient ermetic.

PENTRU UMPLUTURA:
b) Procesați căpșunile liofilizate într-un robot de bucătărie sau blender până devine o pudră fină. Pus deoparte.
c) Bateți crema de brânză moale într-un castron prevăzut cu un mixer cu palete. Adăugați pudra de căpșuni și bateți la viteză mare până devine cremoasă și netedă.
d) Într-o cratiță mică, combinați gelatina și sucul de ananas. Lăsați deoparte să înflorească aproximativ 5 minute.
e) Într-un castron separat, bate albușurile spumă până se formează vârfuri tari. Pus deoparte.
f) La foc mic, amestecați amestecul de gelatină până se dizolvă complet. Se ia de pe foc.
g) Într-un alt castron, amestecați gălbenușurile de ou și zahărul până când gălbenușurile devin galben pal.

h) Pentru a tempera gălbenușul de ou, adăugați treptat cantități mici din amestecul de gelatină caldă în timp ce amestecați pentru a preveni amestecarea.
i) Amestecați amestecul de gălbenușuri de ou călit în cratiță cu amestecul de gelatină rămas. Gatiti la foc mediu-mic, amestecand continuu, pana cand amestecul se ingroasa usor (aproximativ 3-5 minute).
j) La viteză mică, adăugați treptat aproximativ ⅓ din amestecul de gelatină la amestecul de cremă de brânză. Repetați până când toată gelatina este încorporată. Scoateți vasul din mixer.
k) Incorporati usor albusurile tari pana se incorporeaza complet.

PENTRU A ASSAMLA PARFAȚII:
l) Pune aproximativ ½ cană de umplutură de șifon în fiecare ceașcă de servire.
m) Repetați procesul pentru parfaiturile rămase.
n) Dă la frigider până se întărește, aproximativ 1 până la 1 oră și jumătate.
o) Înainte de servire, presară deasupra 1 lingură de crustă Graham Cracker și ornează cu căpșuni proaspete tăiate cubulețe.
p) Bucurați-vă de aceste delicioase Cheesecake Parfaits cu șifon cu căpșuni, un răsfăț perfect pentru a întâmpina primăvara !

77. Tiramisu de sifon

INGREDIENTE:
PENTRU TORTUL ȘIFON:
- 1 cană de făină de prăjitură
- 1 cană zahăr granulat
- 1 lingurita praf de copt
- ½ lingurita sare
- ¼ cană ulei vegetal
- ¼ cană apă
- 6 ouă mari, separate
- 1 lingurita extract de vanilie
- ¼ lingurita crema de tartru

PENTRU UMPLUREA TIRAMISU:
- 1 cană de cafea tare preparată, răcită
- ¼ de cană de lichior de cafea (de exemplu, Kahlúa)
- 3 linguri pudră de cacao, împărțite
- 8 uncii de brânză mascarpone, înmuiată
- 1 cană smântână groasă
- ½ cană de zahăr pudră
- 1 lingurita extract de vanilie

PENTRU MONTARE:
- Pudră de cacao, pentru praf
- Așchii de ciocolată sau ciocolată rasă

INSTRUCȚIUNI:
CHIFFON CAKE:
a) Preîncălziți cuptorul la 325°F (163°C). Ungeți și făinați o tavă rotundă pentru tort de 9 inci.
b) Într-un castron mare, amestecați făina de prăjitură, zahărul, praful de copt și sarea.
c) Într-un castron separat, amestecați uleiul, apa, gălbenușurile de ou și extractul de vanilie.
d) Adăugați treptat ingredientele umede la ingredientele uscate, amestecând până la omogenizare.
e) Într-un alt castron curat și uscat, bate albușurile spumă și crema de tartru până se formează vârfuri tari.

f) Îndoiți ușor amestecul de albușuri în aluat până se omogenizează bine.
g) Se toarnă aluatul în tava pregătită și se netezește blatul.
h) Coaceți 35-40 de minute sau până când o scobitoare introdusă în centru iese curată.
i) Lăsați tortul să se răcească complet înainte de a-l scoate din tavă.

Umplutura cu TIRAMISU:
j) Într-un vas puțin adânc, combinați cafeaua preparată și lichiorul de cafea. Pus deoparte.
k) Într-un castron mic, cerne 2 linguri de pudră de cacao.
l) Într-un castron, amestecați brânza mascarpone, zahărul pudră și extractul de vanilie până la omogenizare.
m) Într-un castron separat, bateți smântâna grea până se formează vârfuri tari.
n) Incorporati usor frisca in amestecul de mascarpone pana se omogenizeaza bine.

ASAMBLARE:
o) Tăiați prajitura de șifon răcită pe orizontală în două straturi uniforme.
p) Înmuiați fiecare strat de prăjitură în amestecul de cafea, asigurându-vă că sunt bine înmuiate, dar nu ude.
q) Puneți un strat de tort înmuiat în fundul unui vas de servire.
r) Întindeți un strat din amestecul de mascarpone peste stratul de tort înmuiat.
s) Peste stratul de mascarpone se presara jumatate din pudra de cacao cernuta.
t) Repetați procesul cu al doilea strat de tort, amestecul de mascarpone și praful de cacao rămas.
u) Terminați prin pudrarea blatului cu pudră de cacao și ornat cu așchii de ciocolată sau ciocolată rasă.
v) Dați la frigider pentru cel puțin 4 ore sau peste noapte pentru a permite aromelor să se topească.
w) Tăiați și serviți rece.

78. Mousse de șifon cu zmeură și ciocolată albă

INGREDIENTE:
PENTRU STRATUL DE PRĂJIT ȘIFON:
- 1 strat de tort chiffon (puteți folosi orice rețetă de tort chiffon)

PENTRU STRATUL DE MUSSE DE ZMEURA:
- 2 cani de zmeura proaspata
- 1/4 cană zahăr granulat
- 1 lingura suc de lamaie
- 2 lingurițe de gelatină pudră
- 1/4 cană apă rece
- 1 cană smântână groasă

PENTRU STRATUL DE MOUSE DE CIOCOLATA ALBA:
- 6 uncii de ciocolată albă, tocată
- 1 1/2 cană de smântână groasă, împărțită
- 1 lingurita extract de vanilie

INSTRUCȚIUNI:
a) Pregătiți stratul de tort chiffon conform rețetei alese de dvs. și lăsați-l să se răcească complet.
b) Pentru stratul de mousse de zmeură, pasează zmeura în piure într-un blender sau robot de bucătărie. Strecurați piureul printr-o sită cu ochiuri fine pentru a îndepărta semințele.
c) Într-o cratiță, combina piureul de zmeură, zahărul și sucul de lămâie. Gatiti la foc mediu pana se dizolva zaharul . Se ia de pe foc.
d) Intr-un castron mic, presara gelatina peste apa rece si las-o sa infloreasca 5 minute. Puneți amestecul de gelatină la microunde timp de 10-15 secunde până se dizolvă.
e) Se amestecă gelatina dizolvată în amestecul cald de zmeură până se combină bine. Se lasa sa se raceasca la temperatura camerei.
f) Într-un castron, bateți smântâna grea până se formează vârfuri tari. Incorporati usor frisca in amestecul de zmeura pana se omogenizeaza si se omogenizeaza bine.
g) Întindeți mousse-ul de zmeură uniform peste stratul de tort șifon într-un vas de servire sau pahare individuale. Dati la frigider in timp ce pregatiti stratul de mousse de ciocolata alba.
h) Pentru stratul de mousse de ciocolată albă, topește ciocolata albă cu 1/2 cană de smântână groasă într-un castron termorezistent,

pus peste o oală cu apă fiartă (foarba dublă). Se amestecă până când este omogen și cremos. Se ia de pe foc si se lasa sa se raceasca la temperatura camerei.

i) Într-un alt castron, bateți restul de 1 cană de smântână groasă și extract de vanilie până se formează vârfuri tari.
j) Încorporați ușor frișca în amestecul răcit de ciocolată albă până când se omogenizează și se combină bine.
k) Întindeți cu grijă mousse-ul de ciocolată albă peste stratul de mousse de zmeură.
l) Dă desertul stratificat la frigider pentru cel puțin 4 ore sau până când se fixează.
m) Inainte de servire, garnisiti cu zmeura proaspata sau ciocolata alba, daca doriti. Bucurați-vă de combinația delicioasă de arome de zmeură și ciocolată albă!

79.Parfait din șifon cu afine și lămâie

INGREDIENTE:
PENTRU STRATUL DE PRĂJIT ȘIFON:
- 1 strat de tort chiffon (puteți folosi orice rețetă de tort chiffon)

PENTRU STRATUL DE COMPOT DE Afine:
- 2 căni de afine proaspete sau congelate
- 1/4 cană zahăr granulat
- 1 lingura suc de lamaie
- 1 lingurita amidon de porumb
- 2 linguri apa rece

PENTRU STRATUL DE LAMIE MUSSE:
- 1 cană smântână groasă
- 1/4 cană zahăr pudră
- Zest de 1 lămâie
- 2 linguri suc de lamaie
- 1 lingurita gelatina praf
- 2 linguri apa rece

INSTRUCȚIUNI:
a) Pregătiți stratul de tort chiffon conform rețetei alese de dvs. și lăsați-l să se răcească complet.

b) Pentru stratul de compot de afine, combinați afinele, zahărul și sucul de lămâie într-o cratiță. Gatiti la foc mediu pana cand afinele izbucnesc si isi elibereaza sucul.

c) Într-un castron mic, dizolvați amidonul de porumb în apă rece. Amestecați amestecul de amidon de porumb în amestecul de afine și gătiți până se îngroașă, amestecând constant. Se ia de pe foc si se lasa sa se raceasca la temperatura camerei.

d) Pentru stratul de mousse de lămâie, bateți smântâna groasă, zahărul pudră, coaja de lămâie și sucul de lămâie până se formează vârfuri moi.

e) Intr-un castron mic, presara gelatina peste apa rece si las-o sa infloreasca 5 minute. Puneți amestecul de gelatină la microunde timp de 10-15 secunde până se dizolvă.

f) Adăugați treptat gelatina dizolvată în amestecul de frișcă, bătând până se formează vârfuri tari.

g) Pentru a asambla parfaiturile, sfărâmați stratul de tort de șifon și împărțiți-l în pahare de servire.
h) Acoperiți stratul de tort cu o lingură de compot de afine, urmat de un strat de mousse de lămâie.
i) Repetați straturile până când paharele se umplu, terminând cu o praf de mousse de lămâie deasupra.
j) Dați parfaiturile la frigider pentru cel puțin 2 ore sau până când se fixează.
k) Inainte de servire, garnisiti cu afine proaspete si felii de lamaie daca doriti. Bucurați-vă de combinația răcoritoare de arome de afine și lămâie!

80.Fleac de șifon cu nucă de cocos și ananas

INGREDIENTE:
PENTRU STRATUL DE PRĂJIT ȘIFON:
- 1 strat de tort chiffon (puteți folosi orice rețetă de tort chiffon)

PENTRU STRATUL DE UMPLURE DE ANANAS:
- 2 căni de ananas proaspăt, tăiat cubulețe
- 1/4 cană zahăr granulat
- 1 lingura amidon de porumb
- 2 linguri apa rece
- 1/2 cană nucă de cocos mărunțită

PENTRU STRATUL DE CREMA DE COCOS:
- 1 conserve (13,5 oz) lapte de cocos, răcit
- 1/4 cană zahăr pudră
- 1 lingurita extract de vanilie
- 1/2 cană nucă de cocos mărunțită, prăjită (opțional, pentru garnitură)

INSTRUCȚIUNI:
a) Pregătiți stratul de tort chiffon conform rețetei alese de dvs. și lăsați-l să se răcească complet.
b) Pentru stratul de umplutură cu ananas , combinați ananasul tăiat cubulețe și zahărul într-o cratiță. Gatiti la foc mediu pana cand ananasul se inmoaie si isi elibereaza zeama.
c) Într-un castron mic, dizolvați amidonul de porumb în apă rece. Amestecați amestecul de amidon de porumb în amestecul de ananas și gătiți până se îngroașă, amestecând constant. Se ia de pe foc si se lasa sa se raceasca la temperatura camerei.
d) Se amestecă nuca de cocos mărunțită în amestecul de ananas.
e) Pentru stratul de cremă de cocos, deschideți cutia răcită de lapte de cocos și scoateți crema solidă de nucă de cocos care s-a ridicat până la vârf, lăsând în urmă apa de cocos. Puneți crema de cocos într-un bol de mixare.
f) Adăugați zahăr pudră și extract de vanilie la crema de cocos. Bateți până când este omogen și cremos.
g) Pentru a asambla desertul, sfărâmați stratul de tort de șifon și întindeți jumătate din el uniform în fundul unui vas de servire.
h) Întindeți umplutura de ananas peste stratul de tort.

i) Întindeți crema de cocos peste umplutura de ananas.
j) Repetați straturile cu firimiturile de tort rămase, umplutura de ananas și crema de cocos.
k) Opțional, ornați blatul cu nucă de cocos mărunțită prăjită.
l) Dă desertul la frigider pentru cel puțin 2 ore înainte de servire pentru a permite aromelor să se topească.
m) Tăiați și serviți deliciul de șifon cu nucă de cocos și ananas și bucurați-vă de aromele tropicale!

81. Pădurea Neagră Chiffon Tort Fleac

INGREDIENTE:
PENTRU STRATUL DE PRĂJIT ȘIFON:
- 1 strat de tort chiffon (puteți folosi orice rețetă de tort chiffon)

PENTRU Umplutura cu cireșe:
- 2 căni de cireșe fără sâmburi, proaspete sau congelate
- 1/4 cană zahăr granulat
- 1 lingura amidon de porumb
- 2 linguri apa rece
- 1 lingura suc de lamaie
- 1/2 lingurita extract de migdale (optional)

PENTRU STRATUL DE FRȘȘINĂ:
- 2 căni de smântână groasă
- 1/4 cană zahăr pudră
- 1 lingurita extract de vanilie

PENTRU MONTARE:
- Așchii sau bucle de ciocolată, pentru decor (opțional)

INSTRUCȚIUNI:
a) Pregătiți stratul de tort chiffon conform rețetei alese de dvs. și lăsați-l să se răcească complet.

b) Pentru umplutura de cireșe, combinați cireșele fără sâmburi, zahărul, sucul de lămâie și extractul de migdale (dacă este folosit) într-o cratiță. Se fierbe la foc mediu până când cireșele își eliberează sucul.

c) Într-un castron mic, dizolvați amidonul de porumb în apă rece. Amestecați amestecul de amidon de porumb în amestecul de cireșe și gătiți până se îngroașă, amestecând constant. Se ia de pe foc si se lasa sa se raceasca la temperatura camerei.

d) Pentru stratul de frișcă, bateți smântâna tare, zahărul pudră și extractul de vanilie până se formează vârfuri tari.

e) Pentru a asambla fleacul, tăiați stratul de tort șifon în cuburi mici.

f) Așezați jumătate din cuburile de prăjitură pe fundul unui fel de mâncare sau al unui pahar de servire individual.

g) Peste cuburile de prăjitură puneți jumătate din umplutura de cireșe, întindeți-o uniform.

h) Întindeți jumătate din frișcă peste umplutura de cireșe.

i) Repetați straturile cu cuburile de prăjitură rămase, umplutura de cireșe și frișca.
j) Opțional, ornați blatul cu așchii sau bucle de ciocolată.
k) Pune fleacul la frigider pentru cel puțin 1 oră înainte de servire pentru a permite aromelor să se topească.
l) Serviți rece și bucurați-vă de straturile delicioase ale acestui desert inspirat din Pădurea Neagră!

82. Parfait din șifon cu nucă de cocos și mango

INGREDIENTE:
PENTRU STRATUL DE PRĂJIT ȘIFON:
- 1 strat de tort chiffon (puteți folosi orice rețetă de tort chiffon)

PENTRU STRATUL DE PUREE DE MANGO :
- 2 mango coapte, decojite si taiate cubulete
- 2 linguri zahăr granulat (ajustați după gust)
- 1 lingura suc de lamaie

PENTRU STRATUL DE CREMA DE COCOS:
- 1 conserve (13,5 oz) lapte de cocos, răcit
- 1/4 cană zahăr pudră
- 1 lingurita extract de vanilie

INSTRUCȚIUNI:
a) Pregătiți stratul de tort chiffon conform rețetei alese de dvs. și lăsați-l să se răcească complet.
b) Pentru stratul de piure de mango, amestecați mango-ul tăiat cubulețe, zahărul și sucul de lămâie într-un blender sau robot de bucătărie până la omogenizare. Ajustați zahărul după gust.
c) Pentru stratul de cremă de cocos, deschideți cutia răcită de lapte de cocos și scoateți crema solidă de nucă de cocos care s-a ridicat până la vârf, lăsând în urmă apa de cocos. Puneți crema de cocos într-un bol de mixare.
d) Adăugați zahăr pudră și extract de vanilie la crema de cocos. Bateți până când este omogen și cremos.
e) Pentru a asambla parfaitul, sfărâmați stratul de tort șifon în fundul paharelor de servire.
f) Peste firimiturile de tort se pune un strat de piure de mango.
g) Acoperiți cu un strat de cremă de cocos.
h) Repetați straturile până când paharele sunt umplute , terminând cu o praf de cremă de cocos deasupra.
i) Opțional, se ornează cu mango suplimentar tăiat cubulețe sau fulgi de cocos prăjiți.
j) Dați parfaiturile la frigider pentru cel puțin 1 oră înainte de a le servi pentru a permite aromelor să se topească.
k) Serviți rece și bucurați-vă de combinația tropicală de arome de nucă de cocos și mango!

83. Tort Chiffon Melba Peach Melba

INGREDIENTE:
PENTRU STRATUL DE PRĂJIT ȘIFON:
- 1 strat de tort chiffon (puteți folosi orice rețetă de tort chiffon)

PENTRU STRATUL DE COMPOT DE PIERSICI:
- 2 cani de piersici feliate, proaspete sau conservate (scurcate)
- 2 linguri de zahar granulat
- 1 lingura suc de lamaie

PENTRU STRATUL DE SOS DE ZMEURE:
- 1 cană zmeură proaspătă
- 2 linguri de zahar granulat
- 1 lingura suc de lamaie

PENTRU STRATUL DE FRȘȘINĂ:
- 2 căni de smântână groasă
- 1/4 cană zahăr pudră
- 1 lingurita extract de vanilie

INSTRUCȚIUNI:

a) Pregătiți stratul de tort chiffon conform rețetei alese de dvs. și lăsați-l să se răcească complet.

b) Pentru stratul de compot de piersici, combinați piersicile feliate, zahărul și sucul de lămâie într-o cratiță. Gatiti la foc mediu pana cand piersicile sunt moi si elibereaza zeama.

c) Pentru stratul de sos de zmeură, amestecați zmeura proaspătă, zahărul și sucul de lămâie într-un blender sau robot de bucătărie până la omogenizare. Strecurați amestecul printr-o sită cu ochiuri fine pentru a îndepărta semințele.

d) Pentru stratul de frișcă, bateți smântâna tare, zahărul pudră și extractul de vanilie până se formează vârfuri tari.

e) Pentru a asambla fleacul, tăiați stratul de tort șifon în cuburi mici.

f) Așezați jumătate din cuburile de prăjitură pe fundul unui fel de mâncare sau al unui pahar de servire individual.

g) Peste cuburile de prăjitură puneți jumătate din compot de piersici, întindeți-l uniform.

h) Stropiți jumătate din sosul de zmeură peste compotul de piersici.

i) Întindeți jumătate din frișcă peste sosul de zmeură.

j) Repetați straturile cu cuburi de prăjitură rămase, compot de piersici, sos de zmeură și frișcă.
k) Pune fleacul la frigider pentru cel puțin 1 oră înainte de servire pentru a permite aromelor să se topească.
l) Serviți rece și bucurați-vă de combinația încântătoare de piersici și zmeură în acest desert inspirat de Peach Melba!

84.Parfait din șifon cu fistic și cireșe

INGREDIENTE:
PENTRU STRATUL DE PRĂJIT ȘIFON:
- 1 strat de tort chiffon (puteți folosi orice rețetă de tort chiffon)

PENTRU STRATUL DE COMPOT DE CIREȘE:
- 2 căni de cireșe fără sâmburi, proaspete sau congelate
- 2 linguri de zahar granulat
- 1 lingura suc de lamaie

PENTRU STRATUL DE CREMA DE FIST:
- 1 cană smântână groasă
- 1/4 cană zahăr pudră
- 1 lingurita extract de migdale
- 1/2 cană fistic decojit, tocat mărunt

INSTRUCȚIUNI:
a) Pregătiți stratul de tort chiffon conform rețetei alese de dvs. și lăsați-l să se răcească complet.

b) Pentru stratul de compot de cireșe, combinați într-o cratiță cireșele fără sâmburi, zahărul și sucul de lămâie. Se fierbe la foc mediu până când cireșele își eliberează sucul și amestecul se îngroașă ușor. Se ia de pe foc si se lasa sa se raceasca la temperatura camerei.

c) Pentru stratul de cremă de fistic, bateți smântâna groasă, zahărul pudră și extractul de migdale până se formează vârfuri tari.

d) Incorporati fisticul tocat marunt in frisca pana se distribuie uniform.

e) Pentru a asambla parfaitul, sfărâmați stratul de tort șifon în fundul paharelor de servire.

f) Peste firimiturile de tort se pune un strat de compot de cirese.

g) Acoperiți cu un strat de cremă de fistic.

h) Repetați straturile până când paharele se umplu, terminând cu o praf de cremă de fistic deasupra.

BARE ȘI PĂTRATE DE ȘIFON

85.Batoane de șifon cu lămâie

INGREDIENTE:
PENTRU CRASTĂ:
- 1 1/2 cani de firimituri de biscuiti graham
- 1/4 cană zahăr granulat
- 1/2 cana unt nesarat, topit

PENTRU UMPLUTURA:
- 4 ouă mari, separate
- 1 cană zahăr granulat
- 1/4 cană suc de lămâie
- 1 lingura coaja de lamaie
- 1/4 cană făină universală
- Zahăr pudră, pentru pudrat (opțional)

INSTRUCȚIUNI:
a) Preîncălziți cuptorul la 350°F (175°C). Ungeți o tavă de copt de 9 x 13 inci.
b) Într-un castron, combinați firimiturile de biscuiți Graham, zahărul și untul topit. Apăsați uniform amestecul în fundul tavii pregătite.
c) Într-un alt castron, bate gălbenușurile cu zahărul granulat până devin ușor și pufos.
d) Se amestecă sucul de lămâie și coaja de lămâie până se combină bine.
e) Se amestecă treptat făina până se omogenizează.
f) Într-un castron separat, bate albușurile până se formează vârfuri tari.
g) Îndoiți ușor albușurile bătute spumă în amestecul de lămâie până când nu mai rămân dungi.
h) Turnați amestecul de șifon de lămâie peste crusta din tava de copt.
i) Coacem in cuptorul preincalzit 25-30 de minute sau pana se fixeaza si devine usor auriu deasupra.
j) Scoatem din cuptor si lasam sa se raceasca complet in tava.
k) După ce s-a răcit, pudrați blatul cu zahăr pudră dacă doriți.
l) Tăiați în pătrate sau batoane și serviți. Bucurați-vă de aroma acidulată și răcoritoare a acestor batoane de șifon cu lămâie!

86. Brownies din șifon cu ciocolată

INGREDIENTE:
PENTRU STRATUL BROWNIE:
- 1/2 cana unt nesarat
- 1 cană zahăr granulat
- 2 ouă mari
- 1 lingurita extract de vanilie
- 1/3 cană pudră de cacao neîndulcită
- 1/2 cană făină universală
- 1/4 lingurita sare
- 1/4 lingurita praf de copt

PENTRU STRATUL DE ȘIFON:
- 4 ouă mari, separate
- 3/4 cană zahăr granulat
- 1/2 cana unt nesarat, topit si racit
- 1/4 cană apă
- 1 lingurita extract de vanilie
- 3/4 cană făină universală
- 1/4 lingurita crema de tartru

INSTRUCȚIUNI:

a) Preîncălziți cuptorul la 350°F (175°C). Ungeți o tavă de copt de 9 x 13 inci.

b) Pentru stratul de brownie, topiți untul într-o cratiță la foc mic. Se ia de pe foc și se amestecă zahărul, ouăle și extractul de vanilie până se combină bine.

c) Se amestecă pudra de cacao, făina, sarea și praful de copt până se omogenizează.

d) Răspândiți uniform aluatul de brownie în partea de jos a tavă de copt pregătită.

e) Pentru stratul de șifon, bate gălbenușurile până se îngroașă și devine de culoarea lămâiei. Se bate treptat zahărul.

f) Se amestecă untul topit, apa și extractul de vanilie până se combină bine.

g) Se amestecă treptat făina până se omogenizează.

h) Într-un castron separat, bate albușurile spumă și crema de tartru până se formează vârfuri tari.

i) Îndoiți ușor albușurile bătute spumă în aluatul de șifon până când nu rămân dungi.
j) Turnați aluatul de șifon peste aluatul de brownie din tava de copt.
k) Coacem in cuptorul preincalzit pentru 30-35 de minute sau pana se fixeaza si devine usor auriu deasupra.
l) Scoatem din cuptor si lasam sa se raceasca complet in tava.
m) Odată răcit, se taie în batoane și se servește. Bucurați-vă de combinația decadentă de brownie cu ciocolată și straturi de șifon ușor!

87. Patrate din sifon de nuca de cocos

INGREDIENTE:
PENTRU CRASTĂ:
- 1 1/2 cani de firimituri de biscuiti graham
- 1/4 cană zahăr granulat
- 1/2 cana unt nesarat, topit

PENTRU UMPLUTURA:
- 4 ouă mari, separate
- 1 cană zahăr granulat
- 1/2 cana unt nesarat, topit si racit
- 1 cană lapte de cocos
- 1 lingurita extract de vanilie
- 1 1/2 cană nucă de cocos măruntită

INSTRUCȚIUNI:
a) Preîncălziți cuptorul la 350°F (175°C). Ungeți o tavă de copt de 9 x 13 inci.
b) Într-un castron, combinați firimiturile de biscuiți Graham, zahărul și untul topit. Apăsați uniform amestecul în fundul tavii pregătite.
c) Într-un alt bol de mixare, bate gălbenușurile de ou până se îngroașă și devine de culoarea lămâiei. Se bate treptat zahărul.
d) Se amestecă untul topit, laptele de cocos și extractul de vanilie până se combină bine.
e) Se amestecă nuca de cocos măruntită până se distribuie uniform.
f) Într-un castron separat, bate albușurile până se formează vârfuri tari.
g) Îndoiți ușor albușurile bătute spumă în amestecul de nucă de cocos până când nu mai rămân dungi.
h) Turnați amestecul de șifon de nucă de cocos peste crusta din tava de copt.
i) Coacem in cuptorul preincalzit 25-30 de minute sau pana se fixeaza si devine usor auriu deasupra.
j) Scoatem din cuptor si lasam sa se raceasca complet in tava.
k) După ce s-a răcit, se taie pătrate și se servește. Bucurați-vă de aroma tropicală a acestor pătrate de șifon de nucă de cocos!

88. Batoane de șifon portocaliu

INGREDIENTE:
PENTRU CRASTĂ:
- 1 1/2 cani de firimituri de biscuiti graham
- 1/4 cană zahăr granulat
- 1/2 cana unt nesarat, topit

PENTRU UMPLUTURA:
- 4 ouă mari, separate
- 1 cană zahăr granulat
- 1/2 cană suc de portocale proaspăt stors
- 1 lingura coaja de portocala
- 1/4 cana unt nesarat, topit si racit
- 1/4 cană făină universală

INSTRUCȚIUNI:
a) Preîncălziți cuptorul la 350°F (175°C). Ungeți o tavă de copt de 9 x 13 inci.
b) Într-un castron, combinați firimiturile de biscuiți Graham, zahărul și untul topit. Apăsați uniform amestecul în fundul tavii pregătite.
c) Într-un alt bol de mixare, bate gălbenușurile de ou până se îngroașă și devine de culoarea lămâiei. Se bate treptat zahărul.
d) Se amestecă sucul de portocale, coaja de portocale, untul topit și făina până se combină bine.
e) Într-un castron separat, bate albușurile până se formează vârfuri tari.
f) Îndoiți ușor albușurile bătute spumă în amestecul de portocale până când nu mai rămân dungi.
g) Turnați amestecul de șifon portocaliu peste crusta din tava de copt.
h) Coacem in cuptorul preincalzit 25-30 de minute sau pana se fixeaza si devine usor auriu deasupra.
i) Scoatem din cuptor si lasam sa se raceasca complet in tava.
j) Odată răcit, se taie în batoane și se servește. Bucurați-vă de bunătatea citrice a acestor batoane de șifon portocaliu!

89. Pătrate din șifon cu căpșuni

INGREDIENTE:
PENTRU CRASTĂ:
- 1½ cani de firimituri de napolitane Graham
- ⅓ cană de margarină, topită

PENTRU UMPLUTURA:
- ¾ cană apă clocotită
- 1 pachet gelatina de capsuni
- 1 cană de lapte Eagle Brand (lapte condensat îndulcit)
- ⅓ cană suc de lămâie
- 1 pachet de căpșuni congelate feliate
- 3 căni de bezele miniaturale
- ½ gal de smântână pentru frișcă, bătută

INSTRUCȚIUNI:
PENTRU CRASTĂ:
a) Combinați firimiturile de napolitană Graham și margarina topită.
b) Pat amestecul pe fundul unei tigaie de 9 x 13 inci.

PENTRU UMPLUTURA:
c) Se dizolvă gelatina de căpșuni în apă clocotită într-un castron mare.
d) Se amestecă laptele condensat îndulcit, sucul de lămâie, căpșunile congelate feliate și bezelele.
e) Încorporați frișca.
f) Se toarnă amestecul peste crusta de pesmet.
g) Se da la rece până se fixează, aproximativ 2 ore.

90.Batoane din șifon Key Lime

INGREDIENTE:
PENTRU CRASTĂ:
- 1 1/2 cani de firimituri de biscuiti graham
- 1/4 cană zahăr granulat
- 1/2 cana unt nesarat, topit

PENTRU UMPLUTURA:
- 4 ouă mari, separate
- 1 cană zahăr granulat
- 1/2 cană suc de lămâie proaspăt stors
- 1 lingura coaja de lime cheie
- 1/4 cana unt nesarat, topit si racit
- 1/4 cană făină universală

INSTRUCȚIUNI:

a) Preîncălziți cuptorul la 350°F (175°C). Ungeți o tavă de copt de 9 x 13 inci.
b) Într-un castron, combinați firimiturile de biscuiți Graham, zahărul și untul topit. Apăsați uniform amestecul în fundul tavii pregătite.
c) Într-un alt bol de mixare, bate gălbenușurile de ou până se îngroașă și devine de culoarea lămâiei. Se bate treptat zahărul.
d) Se amestecă sucul de lime, coaja de lime, untul topit și făina până se combină bine.
e) Într-un castron separat, bate albușurile până se formează vârfuri tari.
f) Îndoiți ușor albușurile bătute spumă în amestecul de lime până când nu mai rămân dungi.
g) Turnați amestecul de șifon de lime cheie peste crusta din tava de copt.
h) Coacem in cuptorul preincalzit 25-30 de minute sau pana se fixeaza si devine usor auriu deasupra.
i) Scoatem din cuptor si lasam sa se raceasca complet in tava.
j) Odată răcit, se taie în batoane și se servește. Bucurați-vă de aroma acidulată și răcoritoare a acestor batoane de șifon cu lime cheie!

91. Pătrate din șifon cu ananas

INGREDIENTE:
PENTRU CRASTĂ:
- 1 1/2 cani de firimituri de biscuiti graham
- 1/4 cană zahăr granulat
- 1/2 cana unt nesarat, topit

PENTRU UMPLUTURA:
- 4 ouă mari, separate
- 1 cană zahăr granulat
- 1/2 cană de ananas zdrobit, scurs
- 1/4 cana unt nesarat, topit si racit
- 1/4 cană făină universală

INSTRUCȚIUNI:
a) Preîncălziți cuptorul la 350°F (175°C). Ungeți o tavă de copt de 9 x 13 inci.
b) Într-un castron, combinați firimiturile de biscuiți Graham, zahărul și untul topit. Apăsați uniform amestecul în fundul tavii pregătite.
c) Într-un alt bol de mixare, bate gălbenușurile de ou până se îngroașă și devine de culoarea lămâiei. Se bate treptat zahărul.
d) Se amestecă ananasul zdrobit și untul topit până se combină bine.
e) Se amestecă treptat făina până se omogenizează.
f) Într-un castron separat, bate albușurile până se formează vârfuri tari.
g) Îndoiți ușor albușurile bătute spumă în amestecul de ananas până când nu mai rămân dungi.
h) Turnați amestecul de șifon de ananas peste crusta din tava de copt.
i) Coacem in cuptorul preincalzit 25-30 de minute sau pana se fixeaza si devine usor auriu deasupra.
j) Scoatem din cuptor si lasam sa se raceasca complet in tava.
k) După ce s-a răcit, se taie pătrate și se servește. Bucurați-vă de aroma tropicală a acestor pătrate de șifon cu ananas!

92. Batoane mixte din șifon cu fructe de padure

INGREDIENTE:
PENTRU CRASTĂ:
- 1 1/2 cani de firimituri de biscuiti graham
- 1/4 cană zahăr granulat
- 1/2 cana unt nesarat, topit

PENTRU UMPLUTURA:
- 4 ouă mari, separate
- 1 cană zahăr granulat
- 1 cană de fructe de padure amestecate (cum ar fi zmeura, afine şi mure)
- 1/4 cana unt nesarat, topit si racit
- 1/4 cană făină universală

INSTRUCŢIUNI:
a) Preîncălziţi cuptorul la 350°F (175°C). Ungeţi o tavă de copt de 9 x 13 inci.
b) Într-un castron, combinaţi firimiturile de biscuiţi Graham, zahărul şi untul topit. Apăsaţi uniform amestecul în fundul tavii pregătite.
c) Într-un alt bol de mixare, bate gălbenuşurile de ou până se îngroaşă şi devine de culoarea lămâiei. Bateţi treptat zahărul.
d) Se amestecă fructele de pădure şi untul topit până se combină bine.
e) Se amestecă treptat făina până se omogenizează.
f) Într-un castron separat, bate albuşurile până se formează vârfuri tari.
g) Încorporaţi uşor albuşurile bătute spumă în amestecul de fructe de pădure până când nu mai rămân dungi.
h) Turnaţi amestecul de şifon de fructe de pădure peste crusta din tava de copt.
i) Coacem in cuptorul preincalzit 25-30 de minute sau pana se fixeaza si devine usor auriu deasupra.
j) Scoatem din cuptor si lasam sa se raceasca complet in tava.
k) Odată răcit, se taie în batoane şi se serveşte. Bucuraţi-vă de izbucnirea aromei de fructe de pădure în aceste batoane de şifon amestecate de fructe de pădure!

PÂINE DE ȘIFON

93. Pâine cu banane din șifon

INGREDIENTE:
- 2 căni de făină universală
- 1 lingurita praf de copt
- 1/2 lingurita de bicarbonat de sodiu
- 1/2 lingurita sare
- 3 banane coapte, piure
- 3/4 cană zahăr granulat
- 1/2 cană ulei vegetal
- 3 ouă mari, separate
- 1/4 cană lapte
- 1 lingurita extract de vanilie

INSTRUCȚIUNI:
a) Preîncălziți cuptorul la 350°F (175°C). Unge și făină o tavă de 9 x 5 inci.
b) Într-un castron mare, cerne împreună făina, praful de copt, bicarbonatul de sodiu și sarea.
c) Într-un alt castron, amestecați piureul de banane, zahărul granulat, uleiul vegetal, gălbenușurile de ou, laptele și extractul de vanilie până se combină bine.
d) Adăugați treptat ingredientele uscate în amestecul de banane și amestecați până se omogenizează.
e) Într-un castron separat, bate albușurile spumă până se formează vârfuri tari.
f) Îndoiți ușor albușurile bătute spumă în aluatul de banane până când nu mai rămân dungi.
g) Se toarnă aluatul în tava pregătită și se netezește blatul cu o spatulă.
h) Coaceți 50-60 de minute, sau până când o scobitoare introdusă în centru iese curată.
i) Scoateți din cuptor și lăsați să se răcească în tavă timp de 10 minute înainte de a transfera pe un grătar pentru a se răci complet.
j) Tăiați și serviți pâinea cu banane șifon și bucurați-vă!

94. Pâine șifon cu lămâie

INGREDIENTE:
- 2 cani de faina de tort
- 1 1/2 linguriță praf de copt
- 1/4 lingurita bicarbonat de sodiu
- 1/2 lingurita sare
- Coaja a 2 lămâi
- 1/2 cană unt nesărat, înmuiat
- 1 cană zahăr granulat
- 3 ouă mari, separate
- 1/4 cană suc de lămâie
- 1/2 cană lapte
- 1 lingurita extract de vanilie

INSTRUCȚIUNI:

a) Preîncălziți cuptorul la 350°F (175°C). Unge și făină o tavă de 9 x 5 inci.

b) Într-un castron, cerne împreună făina de prăjitură, praful de copt, bicarbonatul de sodiu și sarea. Se amestecă coaja de lămâie.

c) Într-un alt castron, cremă împreună untul înmuiat și zahărul granulat până devine ușor și pufos.

d) Se bat gălbenușurile pe rând, apoi se amestecă sucul de lămâie și extractul de vanilie.

e) Adăugați treptat ingredientele uscate la ingredientele umede, alternând cu laptele, și amestecați până se omogenizează bine.

f) Într-un castron separat, bate albușurile spumă până se formează vârfuri tari.

g) Îndoiți ușor albușurile bătute spumă în aluat până când nu mai rămân dungi.

h) Se toarnă aluatul în tava pregătită și se netezește blatul cu o spatulă.

i) Coaceți 45-55 de minute, sau până când o scobitoare introdusă în centru iese curată.

j) Scoateți din cuptor și lăsați să se răcească în tavă timp de 10 minute înainte de a transfera pe un grătar pentru a se răci complet.

k) Tăiați și serviți pâinea de șifon cu lămâie și bucurați-vă de aroma strălucitoare și acidulată!

95.Pâine de dovleac șifon

INGREDIENTE:
- 1 3/4 cani de faina universala
- 1 lingurita de bicarbonat de sodiu
- 1/2 lingurita praf de copt
- 1/2 lingurita sare
- 1 lingurita scortisoara macinata
- 1/2 lingurita de ghimbir macinat
- 1/4 lingurita nucsoara macinata
- 1/4 lingurita cuisoare macinate
- 1 cană de piure de dovleac conservat
- 1 cană zahăr granulat
- 1/2 cană ulei vegetal
- 2 ouă mari, separate
- 1/4 cană apă
- 1 lingurita extract de vanilie

INSTRUCȚIUNI:
a) Preîncălziți cuptorul la 350°F (175°C). Unge și făină o tavă de 9 x 5 inci.
b) Într-un castron, cerne împreună făina, bicarbonatul de sodiu, praful de copt, sarea, scorțișoara, ghimbirul, nucșoara și cuișoarele.
c) Într-un alt castron, amestecați piureul de dovleac, zahărul granulat, uleiul vegetal, gălbenușurile de ou, apa și extractul de vanilie până se combină bine.
d) Adăugați treptat ingredientele uscate la ingredientele umede și amestecați până se omogenizează.
e) Într-un castron separat, bate albușurile spumă până se formează vârfuri tari.
f) Îndoiți ușor albușurile bătute spumă în aluat până când nu mai rămân dungi.
g) Se toarnă aluatul în tava pregătită și se netezește blatul cu o spatulă.
h) Coaceți 50-60 de minute, sau până când o scobitoare introdusă în centru iese curată.
i) Scoateți din cuptor și lăsați să se răcească în tavă timp de 10 minute înainte de a transfera pe un grătar pentru a se răci complet.
j) Tăiați și serviți pâinea de dovleac șifon și bucurați-vă de aromele calde și reconfortante ale toamnei!

96.Pâine de ciocolată din șifon

INGREDIENTE:
- 1 3/4 cani de faina universala
- 1 lingurita praf de copt
- 1/2 lingurita de bicarbonat de sodiu
- 1/2 lingurita sare
- 1/4 cană pudră de cacao neîndulcită
- 1/2 cană zahăr granulat
- 1/4 cană ulei vegetal
- 1 cană de zară
- 2 ouă mari, separate
- 1 lingurita extract de vanilie

INSTRUCȚIUNI:
a) Preîncălziți cuptorul la 350°F (175°C). Unge și făină o tavă de 9 x 5 inci.
b) Într-un castron, cerne împreună făina, praful de copt, bicarbonatul de sodiu și sarea.
c) Într-un alt castron, amestecați pudra de cacao, zahărul granulat, uleiul vegetal, zara, gălbenușurile de ou și extractul de vanilie până se combină bine.
d) Adăugați treptat ingredientele uscate la ingredientele umede și amestecați până se omogenizează.
e) Într-un castron separat, bate albușurile spumă până se formează vârfuri tari.
f) Îndoiți ușor albușurile bătute spumă în aluat până când nu mai rămân dungi.
g) Se toarnă jumătate din aluat în tava pregătită.
h) Adăugați cuburi din aluatul rămas peste aluatul de ciocolată.
i) Folosiți un cuțit sau o frigărui pentru a învârti cele două aluat împreună pentru a crea un efect marmorat.
j) Coaceți 50-60 de minute, sau până când o scobitoare introdusă în centru iese curată.
k) Scoateți din cuptor și lăsați să se răcească în tavă timp de 10 minute înainte de a transfera pe un grătar pentru a se răci complet.
l) Tăiați și serviți pâinea de ciocolată șifon și bucurați-vă de aromele bogate și indulgente ale ciocolatei!

COOKIES ȘIFON

97. Biscuiți din șifon cu lămâie

INGREDIENTE:
- 2 căni de făină universală
- 1 lingurita praf de copt
- 1/4 lingurita sare
- 1/2 cană unt nesărat, înmuiat
- 1 cană zahăr granulat
- 2 ouă mari, separate
- Zest de 1 lămâie
- 1 lingura suc de lamaie
- 1 lingurita extract de vanilie

INSTRUCȚIUNI:
a) Preîncălziți cuptorul la 350°F (175°C). Tapetați foile de copt cu hârtie de copt.
b) Într-un bol, cerne împreună făina, praful de copt și sarea.
c) Într-un alt castron, cremă împreună untul înmuiat și zahărul granulat până devine ușor și pufos.
d) Se bat gălbenușurile pe rând, apoi se amestecă coaja de lămâie, sucul de lămâie și extractul de vanilie.
e) Adăugați treptat ingredientele uscate la ingredientele umede și amestecați până se omogenizează bine.
f) Într-un castron separat, bate albușurile spumă până se formează vârfuri tari.
g) Ungeti usor albusurile batute spuma in aluat pana nu raman dungi.
h) Puneți linguri de aluat pe foile de copt pregătite, distanțandu-le la aproximativ 2 inci.
i) Coaceți 10-12 minute, sau până când marginile sunt ușor aurii.
j) Scoateți din cuptor și lăsați să se răcească pe foile de copt câteva minute înainte de a se transfera pe un grătar pentru a se răci complet.
k) Bucurați-vă de aroma ușoară și savuroasă a acestor prăjituri șifon cu lămâie!

98.Biscuiți din șifon cu ciocolată

INGREDIENTE:
- 2 căni de făină universală
- 1 lingurita de bicarbonat de sodiu
- 1/2 lingurita sare
- 1/2 cană unt nesărat, înmuiat
- 1/2 cană zahăr granulat
- 1/2 cană zahăr brun la pachet
- 2 ouă mari, separate
- 1 lingurita extract de vanilie
- 1 cană chipsuri de ciocolată semidulce

INSTRUCȚIUNI:
a) Preîncălziți cuptorul la 375°F (190°C). Tapetați foile de copt cu hârtie de copt.
b) Într-un castron, cerne împreună făina, bicarbonatul de sodiu și sarea.
c) Într-un alt castron, cremă împreună untul înmuiat, zahărul granulat și zahărul brun până devine ușor și pufos.
d) Se bat gălbenușurile pe rând, apoi se amestecă extractul de vanilie.
e) Adăugați treptat ingredientele uscate la ingredientele umede și amestecați până se omogenizează bine.
f) Într-un castron separat, bate albușurile spumă până se formează vârfuri tari.
g) Ungeti usor albusurile batute spuma si chipsurile de ciocolata in aluat pana se distribuie uniform.
h) Puneți linguri de aluat pe foile de copt pregătite, distanțandu-le la aproximativ 2 inci.
i) Coaceți 8-10 minute, sau până când marginile sunt ușor aurii.
j) Scoateți din cuptor și lăsați să se răcească pe foile de copt câteva minute înainte de a se transfera pe un grătar pentru a se răci complet.
k) Bucurați-vă de textura moale și moale a acestor prăjituri din chiffon cu ciocolată!

99.Biscuiți din șifon cu migdale

INGREDIENTE:
- 1 1/2 cani de faina universala
- 1/2 cană făină de migdale
- 1/2 lingurita praf de copt
- 1/4 lingurita sare
- 1/2 cană unt nesărat, înmuiat
- 1/2 cană zahăr granulat
- 2 ouă mari, separate
- 1 lingurita extract de migdale
- Migdale feliate, pentru topping

INSTRUCȚIUNI:
a) Preîncălziți cuptorul la 350°F (175°C). Tapetați foile de copt cu hârtie de copt.
b) Într-un castron, cerne împreună făina universală, făina de migdale, praful de copt și sarea.
c) Într-un alt castron, cremă împreună untul înmuiat și zahărul granulat până devine ușor și pufos.
d) Se bat gălbenușurile pe rând, apoi se amestecă extractul de migdale.
e) Adăugați treptat ingredientele uscate la ingredientele umede și amestecați până se omogenizează bine.
f) Într-un castron separat, bate albușurile spumă până se formează vârfuri tari.
g) Ungeti usor albusurile batute spuma in aluat pana nu raman dungi.
h) Puneți linguri de aluat pe foile de copt pregătite, distanțandu-le la aproximativ 2 inci.
i) Aplatizați ușor fiecare fursec cu dosul unei linguri și acoperiți cu migdale feliate.
j) Coaceți 10-12 minute, sau până când marginile sunt ușor aurii.
k) Scoateți din cuptor și lăsați să se răcească pe foile de copt câteva minute înainte de a se transfera pe un grătar pentru a se răci complet.
l) Bucurați-vă de aroma delicată de migdale și textura crocantă a acestor prăjituri șifon cu migdale!

100. Biscuiți din șifon cu nucă de cocos

INGREDIENTE:
- 1 1/2 cani de faina universala
- 1/2 cană nucă de cocos mărunțită
- 1/2 lingurita praf de copt
- 1/4 lingurita sare
- 1/2 cană unt nesărat, înmuiat
- 1/2 cană zahăr granulat
- 2 ouă mari, separate
- 1 lingurita extract de vanilie

INSTRUCȚIUNI:
a) Preîncălziți cuptorul la 350°F (175°C). Tapetați foile de copt cu hârtie de copt.
b) Într-un castron, cerne împreună făina, nuca de cocos mărunțită, praful de copt și sarea.
c) Într-un alt castron, cremă împreună untul înmuiat și zahărul granulat până devine ușor și pufos.
d) Se bat gălbenușurile pe rând, apoi se amestecă extractul de vanilie.
e) Adăugați treptat ingredientele uscate la ingredientele umede și amestecați până se omogenizează bine.
f) Într-un castron separat, bate albușurile spumă până se formează vârfuri tari.
g) Ungeti usor albusurile batute spuma in aluat pana nu mai raman dungi.
h) Puneți linguri de aluat pe foile de copt pregătite, distanțandu-le la aproximativ 2 inci.
i) Coaceți 10-12 minute, sau până când marginile sunt ușor aurii.
j) Scoateți din cuptor și lăsați să se răcească pe foile de copt câteva minute înainte de a se transfera pe un grătar pentru a se răci complet.
k) Bucurați-vă de aroma tropicală și textura de mestecat a acestor prăjituri șifon cu nucă de cocos!

CONCLUZIE

Pe măsură ce ajungem la sfârșitul aventurii noastre din șifon, sper că această carte de bucate ți-a aprins pasiunea pentru a crea delicii ușoare, aerisite și decadente în propria ta bucătărie. Prin aceste 100 de rețete rafinate, am explorat talentul artistic delicat și natura versatilă a șifonului, transformând ingredientele simple în capodopere culinare extraordinare. Indiferent dacă vă răsfățați cu o felie de tort de șifon pufos, savurați o lingură de mousse de șifon mătăsos sau vă delectați cu o bucată de plăcintă elegantă de șifon, fiecare rețetă a fost realizată cu grijă pentru a aduce bucurie și satisfacție fiecărui palat.

Vă exprim sincera recunoștință pentru că mi-ați fost alături în această călătorie culinară. Entuziasmul și dedicarea dumneavoastră pentru a stăpâni arta coacerii șifonului au făcut această aventură cu adevărat specială. Fie ca abilitățile și tehnicile pe care le-ați învățat din această carte de bucate să vă inspire în continuare pe măsură ce creați creații delicioase din șifon pe care să le împărtășiți cu familia și prietenii.

Pe măsură ce continuați să explorați lumea coacerii șifonului, bucătăria dvs. să fie plină de aromele tentante ale prăjiturilor proaspăt coapte, de texturile delicate ale mousse-urilor mătăsoase și de aromele rafinate ale plăcintelor elegante. Fie ca fiecare creație de șifon pe care o faceți să vă aducă un zâmbet pe față și căldură în inima voastră, amintindu-vă de frumusețea și bucuria care se găsesc în arta coacerii.

Îți mulțumesc încă o dată pentru că mi-ai permis să fac parte din călătoria ta de șifon. Până ne întâlnim din nou, fie ca zilele tale să fie pline de dulceață, lejeritate și eleganța inconfundabilă a șifonului. Coacerea fericită și aventurile tale culinare să continue să inspire și să încânte!

www.ingramcontent.com/pod-product-compliance
Lightning Source LLC
Chambersburg PA
CBHW070652120526
44590CB00013BA/928